核心素养指向的高中语文
文本解读与教学设计

Core Competencies-Oriented Text Interpretation and
Instructional Design for High School Chinese Language

张景涛　耿艳文　著

中国海洋大学出版社

·青岛·

图书在版编目（CIP）数据

核心素养指向的高中语文文本解读与教学设计/张景涛，耿艳文著 . -- 青岛：中国海洋大学出版社，2025. 8. -- ISBN 978-7-5670-4259-9

Ⅰ. G633. 302

中国国家版本馆 CIP 数据核字第 20254GJ061 号

出版发行	中国海洋大学出版社		
社　　址	青岛市香港东路 23 号	邮政编码	266071
出 版 人	刘文菁		
网　　址	http://pub.ouc.edu.cn		
订购电话	0532－82032573（传真）		
责任编辑	邵成军　刘怡婕	电　　话	0532－85902533
印　　制	日照日报印务中心		
版　　次	2025 年 8 月第 1 版		
印　　次	2025 年 8 月第 1 次印刷		
成品尺寸	170 mm ×230 mm		
印　　张	11. 5		
字　　数	170 千		
印　　数	1—1 000		
定　　价	59. 00 元		

前 言

PREFACE

教育部发布的《普通高中语文课程标准（2017年版2020年修订）》对语文学科核心素养说明如下：

学科核心素养是学科育人价值的集中体现，是学生通过学科学习而逐步形成的正确价值观、必备品格和关键能力。语文学科核心素养是学生在积极的语言实践活动中积累与构建起来，并在真实的语言运用情境中表现出来的语言能力及其品质；是学生在语文学习中获得的语言知识与语言能力，思维方法与思维品质，情感、态度与价值观的综合体现。主要包括"语言建构与运用""思维发展与提升""审美鉴赏与创造""文化传承与理解"四个方面。

课程标准是指导教育教学的政策纲领，与以往的教学大纲相比具有以下特点：一是着眼于未来国民素质；二是关注学生学习的过程、方法、情感、态度及价值观；三是突破学科中心，为终身发展打基础；四是注重学生的学，强调学习的过程与方法；五是提出了多元评价建议；六是为教材编写者、教师教学及学业评价留出创造空间。"素质""学习过程与方法""终身发展""多元评价""创造空间""情感、态度及价值观"等关键词，提示教师在育人思想、备课思路、教学实践等方面进行深刻的变革。

从知识本位到素养本位的教育改革已经推进了很多年，教育教学面貌正在发生着深刻的变化，新课程标准的修订及发布对教育教学提出了更高的要求。教师面临的挑战不仅仅是授课方式的转变，更是教育理念和育人思想的根本性变革。只有专注于以学科核心素养为指导的教学实践，才能实现"为党育人、为国育才，全面提升人才自主培养质量，努力培养顶尖创新人才，汇聚并善用天下英才"的远大目标。

从宏观的政策制定到微观的教学实践，需要教育部门和教育工作者的合力助推。尤其是一线教师，作为课程标准的直接执行者，每一堂课都要聚焦核心素养，有效体现课标要求和育人目标。传统教学按课时分配知识点、以知识点为单位设计教学的方式已经与时代要求严重脱节，无法完成新时代赋予的教育使命。

本书旨在从学科素养的视角深入解读文本，并对单元教学进行创新性的整体设计。其核心理念在于突破传统教学框架，紧密贴合当代教育需求，致力于高阶思维训练和核心素养提升的文本解读，为一线教师提供有价值的教学指导，以期不断推进新课程改革的深入发展。

例如，从"崇高美"的视角解读《沁园春•长沙》，这不仅契合毛泽东"以天下为己任"的领袖风范和家国情怀，还能引领学生开启一场美的鉴赏之旅；从"留别诗"的角度重构《梦游天姥吟留别》，在论证逻辑自洽的同时，破旧立新，助力学生培养敢于质疑、勇于假设、深入思考的习惯，从而锻炼他们的思维能力；对必修上第三单元进行篇目重组，依据古诗文的特色，划分为"儒家文化篇目"和"道家文化篇目"两个阅读群组，帮助学生构建文化体系，培养结构化思维，拓展思维深度；对整本书阅读提出合理指导，紧密联系学生成长环境的特点，提出以尊重为前提，以兴趣为引领的整本书阅读规划，以改变碎片化阅读现状，促进学生思维的纵深发展。

本书中的文本分析，开始走向对"人"的寻找和定义。如《故都的秋》，通过了解郁达夫的成长经历，把握他的文风，文如其人；如《登泰山记》，通过关注写作背景，走进姚鼐的内心深处，探秘他当时的真实心境，找到写作此文的原始灵感；如《祝福》，透过"我"，思考鲁迅对于时代的洞察以及"我"作为知识分子"彷徨"的普遍意义。文学是人学，所有的文学作品都存在一个或者无数个"我"，当真正认识到"人"的价值时，我们也就能更清晰地看到自己的人生道路。

习近平总书记说，青年学生富有想象力和创造力，是创新创业的有生力量。这是对时代新人的准确定位和热切期许。培养想象力和创造力，教学实践的科学性、人文性、开放性和包容性是不可或缺的前提。实施素养教育是达成这一目标的历史选择。

从学习结果界定未来的新人形象，是核心素养的价值定位；培养学生的正确价值观、必备品格和关键能力，是核心素养的本质内涵。在深度挖掘文本的过程中，教师通过恰当的教学实践，帮助学生打开认识世界的思路，激发深刻辩证的思考，构建新的逻辑认知体系，这是聚焦学生核心素养培养的具体体现。

在对文本进行细读或重构时，我广泛查阅文献资料，深刻体会到了理论知识和理论研究的重要性。布鲁姆的认知层次理论告诉我们，只有深度学习才能培养高阶思维，才能透过现象看到本质，才能将所学知识转化为实际能力，形成独立的判断标准，找到解决问题的新方法和新路径。这激励我继续研读文献资料，致力于教材文本的深入研究，并不断将其转化为行之有效的教学实践。

因为笔者才疏学浅，加之人力有限，现在只完成了统编教材必修上、下部分单元的整体教学设计和部分篇目的文本解读。虽然文本解读以文献资料为析读基础，有的观点不免过于个人化而失之偏颇，但笔者会一直努力，在接下来的阅读、分析的过程中更加重视理论指导，重视逻辑推演与自洽，并不断将理论研究转化为教学实践，更好地服务于教育教学工作。我希望本书能给广大教师提供一些有益的参考和启示。

张景涛

2025 年 3 月 25 日

目 录
CONTENTS

第一部分　单元设计

第二部分　文本研读

第三部分　教学研究

第一部分

单元设计

① 单元设计

高中语文必修上第一单元整体教学构想

打开高中语文课本，首先映入眼帘的是第一单元的导语：

青春是花样年华。怀着美好的梦想、纯真的感情，带着对自我的认识、对社会的思考和对理想的追求，我们就此迈出人生的重要一步。

本单元的五首诗歌和两篇小说创作于不同的历史时期，都是对青春的吟唱。作者或感时忧国、抒发情怀，或感悟人生、思考未来，让我们体验到各具特色的文学表达，点燃澎湃的青春激情。

学习本单元，可从"青春的价值"角度思考作品的意蕴，并结合自己的体验，敞开心扉，追寻理想，拥抱未来。要理解诗歌运用意象抒发感情的手法，把握小说叙事和抒情的特点，体会诗歌和小说的独特魅力；学习从语言、形象、情感等不同角度欣赏作品，获得审美体验；尝试写作诗歌。

第一单元的导语共三段。这三段文字各自的作用是什么？关键词有哪些？弄清这两个问题是单元教学整体设计的前提和关键。

在回答这两个问题之前，我们先回顾一下"大单元教学"这一当下课改的重点。

语文教材以单元为基本单位进行整体设计，每个单元精选的文本在文体、主题、时代背景以及来源国家上各不相同。是什么因素使得这些多样化的文本能够统一在一个单元之内，形成一个有机整体？单元导语给了我们答案。

单元导语往往由两到三段文字构成，具有解读单元特点、点明单元主题、进行教学指导等功能。教师备课时通过单元导语进行宏观把握、整体认知后，以点带面，对单元主题进行辐射发散，形成开放多元的思考方向，便于单篇备课知识点的落实和素养能力的培养，或是围绕大概念（或大主题）进行文本联读，将课程育人目标充分融入教学实践，致力于学生核心素养的发展。

一个教材单元由多篇文本构成，如第一单元，《沁园春·长沙》《立在地球边上放号》《红烛》《峨日朵雪峰之侧》《致云雀》五首诗歌和《百合花》《哦，香雪》两篇小说，构成一个既各自独立又有机融合的整体。教材编写以单元为单位，其核心功能是将独立的篇目通过"主题"或者"活动"统摄为一个整体，教师在进行单篇教学设计时，以单元导语的中心概念为切入点，聚焦学科素养，落实课程目标，对文本进行分析、评价、创造，完成课标要求，实现育人目标。

单元导语来自教材的"自然单元"。"自然单元"是"大单元"的一种呈现形式。"大单元教学"改革是在"三新"，即新教材、新课标、新高考全面实施后进行的全国范围内的教学改革，以促进学生思维向关联结构和抽象扩展结构发展进而实现核心素养培育的结构化教学模式。（王鉴，张文熙，2023）学科核心素养是学科育人价值的集中体现，是学生通过学科学习而逐步形成的正确价值观、必备品格和关键能力。语文学科核心素养和课程目标包括"语言建构与运用""思维发展与提升""审美鉴赏与创造""文化传承与理解"四个方面。学科素养的培养需要通过"大单元教学"改变传统教学思想和实践活动。时代的巨变使得传统教学模式已经跟不上时代的发展，改革势在必行，但是，教师在短时间内转变思想、改变教法，在教学实践中真正落实新课程目标的要求，着力培养学生的核心素养，并非易事。《中国高考评价体系》的发布，是培养学生核心素养的有力保障。《中国高考评价体系》由"一核""四层""四翼"组成。"引导教学"是"一核"的重要组成部分，旨在以考促教，积极推进教学改革。通过近几年高考试题的反馈，我们深刻地感受到教育改革的力度和决心。

保障"大单元教学"有效落地的前提是对"大单元"的正确理解。过多聚焦"大"而忽视"单元"是一种错误认识。崔允漷教授认为，这里所说的"大单元"是一种学习单位，一个单元就是一个学习事件、一个完整的学习故事，因此，一个单元就是一个微课程。（崔允漷，2019）何谓课程？课程是一个过程，是教师带着某种目的或意图，运用专门设计过的文本影响学生学习的实践过程。（崔允漷，王少非，杨澄宇，周文叶，雷浩，2023）崔教授将一个学习单元看成一个微课程，说明学习单元首先是一个整体，是被专门设计过的，而且是一个"微"整体，便于教学内容的整体设计。可见，大单元的"大"，是为了突出单元教学的整体性、情境化。传统的课程实施，一般通过单篇教学落实课标要求；"大单元教学"则不然,首先体现在"教材单元"的整体教学设计上。"大单元教学"突破了传统教学的单一性,实现了学习的综合性、丰富性、思辨性。单篇教学的优势是对文本进行纵向深度挖掘,把思维拉"深";而"大单元"教学不仅能够保证对文本进行深度理解,还能建立不同文本之间的关系,进行横向比较,把思维拉"宽"。"大单元教学"构建了立体开放的教学格局,能够为学生的思维发展提供更多的可能性,让学生的思维发展不设限,开放、客观、灵活、辩证地看待问题,避免走向思维的浅化、细化、窄化。

教材的一个"自然单元",一般由四部分构成:单元导语、课文、学习提示、单元学习任务。这四部分构成一个完整的闭环。

这四部分的功能各不相同。

单元导语是总起,提纲挈领,突出单元主题、活动任务、内容情境,便于单元教学的整体规划和主题确定;

课文是指具体学习篇目,它们不是孤立的存在,而是单元的有机组成部分,是基于某个主题构建的教学整体;

学习提示是对课文的学习方法或者重点难点的简要说明,重在训练思维,起到引领学习、启发思考的作用;

单元学习任务由两部分构成,一是基于单元篇目的启发式提问,二是一个具体的学习任务,如第一单元"学写诗歌"。

这四部分相辅相成,从"面"到"点"再到"面",宏观架构和微观指导相结合,构成一个完整的"大单元"或者说构成一个完整的学习体系。

这样,基本就能回答文章开头提出的问题了——第一单元单元导语的三个段落各自的作用是点出单元主题"青春"的特点、点出单元篇目的特点、给出单元学习的指导;关键词是"青春"。通过这两个问题的回答,确定单元主题以及主题内涵。

第一单元的主题是"青春",主题内涵包括理想、感情、认识自我、思考社会等。

通过单元导语的分析,把握了单元主题和主题内涵之后,对单篇进行初步分析,确定"青春"的具体内涵。

《沁园春·长沙》的青春内涵是"以天下为己任"的家国情怀。青春时期立下壮志，雄视天下，主宰沉浮，这种昂扬向上、舍我其谁的霸气就是青春。

《立在地球边上放号》的青春内涵是"勇于毁坏和创造"的创新意识。青春时期是创造力最旺盛的时期，勇于质疑的勇气、革故鼎新的精神就是青春。

《红烛》的青春内涵为"甘于献身"的理智认识。青春时期想有所作为会面临各种主客观的阻碍，面对危机理智地选择献身而不是退缩就是青春。

《峨日朵雪峰之侧》的青春内涵是"谦卑而强劲"的生命意识。艰辛付出之后或许只能屈居人后，只要尽力了就无怨无悔，选择接受但不放弃就是青春。

《致云雀》的青春内涵是对"欢乐、光明、自由"的毕生追求。生命诚可贵，爱情价更高；若为自由故，二者皆可抛。对自由的向往与捍卫就是青春。

《百合花》中的青春内涵是"纯真与美好"的人性之美。国难当头毫不退缩、勇于献身的大无畏精神和闪烁着至善至美的人性光辉就是青春。

《哦，香雪》中的青春内涵是"向往外面的世界和追求内心的目标"所彰显的人性之真。对文化的孜孜追求和对改变命运的坚定执着就是青春。

再简单梳理一下第一单元如何以"大单元教学"的方式进行备课。

首先，通过单元导语的主题构建一个有关"青春"的"微课程"，既统摄整个单元，形成大单元教学情境，又指导单篇的教学方向，体现一个核心要点；然后，聚焦核心素养，通过对不同篇目中青春内涵的界定和阐释，形成"青春"的多元解读，建立结构化教学模式；最后，在"大单元教学"的整体架构中，结合学习提示和单元学习任务，设置和落实单篇的学习目标，实现学习思维的"纵横"双向发展。

同时，在教学过程中，设计多种与"青春"有关的聚焦思维培养的活动，如探讨《红烛》中"献身精神"是否值得发扬光大，思考《峨日朵雪峰之侧》中"尽我所能"与"敬我不能"的辩证关系，讨论《哦，香雪》主人公香雪的青春世界里有没有虚伪与自卑。这些问题没有标准答案，但是能够引领学生对"青春"进行深入、辩证的思考，由外到内，引导学生向内关照，思考自己的青春底色是什么，如何实现自己的青春理想，"小我"和"大我"到底是什么关系，围绕"青春"在纵横交错的思维训练过程中，达成思想的深刻性和丰富性，真正实现核心素养的提升和发展。

② 单元设计

高中语文必修上第二单元整体教学构想

第二单元课文共六篇，三篇人物通讯，一篇新闻评论，两首古诗。单元主题是"劳动"。

从文体和手法上来看，这六篇课文没有学习难度，需要掌握的知识要点在学习提示中有详细的解释说明。人物形象塑造刻画的手法同小说，这是常规知识点，不是这一单元的学习要点，可以略讲，或者设计一份表格，课下完成。

这个单元如何备课、上课，才能够体现编写意图？

第一单元的主题是"青春"。"劳动"这一主题紧随其后，将这两个单元放在一起，编写意图更容易把握：希望学生在认识"青春"的价值之后，用自己勤劳的双手编织美好的未来。

"劳动创造世界，劳动创造文明。"单元导语的提示明确告诉学生，劳动对于个人、世界、文明而言，何其重要。第二单元的学习任务是引导学生充分认识劳动的重要性，进而树立"崇尚劳动，尊重劳动，热爱劳动，无私奉献，锐意进取，勇于创造"的劳动观。

单元篇目通俗易懂，导致教学现状多以学生自学为主，老师稍微点拨。

立足"正确价值观、必备品格和关键能力"这一核心素养，本单元应该聚焦"劳动"这一单元主题，找到合适的切入点。

结合第二单元的六篇课文，对"劳动"进行如下分类和解读。

首先，"劳动"分为体力劳动、脑力劳动。

体力劳动。袁隆平在田间地头种植水稻、张秉贵在百货大楼售卖糖果、钟扬在西藏翻山越岭采集植物种子、工匠对产品精雕细琢、农人在田地里插秧或者收获，都是付出汗水、辛勤劳动的体现，他们或收获粮食，或提供服务，或打造精品，或造福人类，都体现了一个人的社会属性：所有的体力劳动都与他人有着千丝万缕的联系，所有的体力劳动都蕴含着服务和奉献的精神。

脑力劳动。袁隆平为杂交水稻的培育绞尽脑汁,张秉贵为练就"一把抓"狠下功夫,钟扬不断"探界""跨界"进行多领域的挑战,工匠用缜密心思、科学方法将工匠精神永流传。他们不断实践操作,不断发现真理,不断推动国家甚至人类发展,他们的脑力劳动发挥了巨大的社会价值。

学生通过学习课文,充分认识体力劳动和脑力劳动的意义和价值,内观自己,对自己的学习产生新的理解。

其次,"劳动"分为普通劳动、创新劳动。

普通劳动。张秉贵作为百货大楼的售货员,售卖东西是普通劳动;农人在田地里辛勤插秧、收获是普通劳动;工匠专注于精雕细琢,也是普通劳动。普通劳动存在于日常生活的方方面面,如学生干值日,擦黑板,整理书桌,都是再普通不过的劳动了。这种普通劳动,不能轻视、应付,唯有认真对待,用心去做,心怀服务他人的意识,劳动的价值才能体现出来,如张秉贵在平凡的工作岗位上周到热情,想他人之所想,急他人之所急,用自己的一言一行温暖了顾客的心,获得了顾客由衷的尊重、爱戴、夸赞。普通劳动是一种爱的传递,是社会发展的主力,我们每个人都应该重视普通劳动,通过劳动维系人与人之间的和谐关系,助力社会的稳定发展。

创新劳动。袁隆平潜心研究杂交水稻、提高产量解决温饱问题是创新劳动,张秉贵熟能生巧练就"一把抓"方便顾客购买是创新劳动,钟扬热衷科学普及引导学生爱上科学是创新劳动,工匠道进乎技的境界让器物制作工艺达到炉火纯青是创新劳动。创新劳动距离我们的生活并不遥远,学生在学习中一直进行着创新劳动,如通过思考找到了新的解题思路,通过与老师、同学交流纠正了错误的学习方法。不论是学生还是老师,都不要对创新劳动敬而远之,要不断培养自己的创新思维,大胆进行各种有益的创新劳动,如老师创新教学方法,学生大胆质疑学习内容,让自己不断突破舒适圈,让劳动过程充满新鲜感和乐趣,充满挑战和不确定性。

再次,"劳动"包含劳动行为、劳动精神、劳动价值。

劳动行为,即劳动的具体表现。劳动行为有好坏善恶之分,如随意砍伐树木或随意破坏公物就是一种恶劣的劳动行为。只有正确的劳动行为,才能创造价值,服务社会。通过这一单元的学习,使学生明白劳动是一种与自然、他人、社会密切相关的行为。因此,从事任何一种劳动,都不能破坏自然、伤害他人、对社会造成不利影响,要树立正确高尚的劳动观,让自己的劳动行为利己利他。

劳动精神指崇尚劳动、热爱劳动、辛勤劳动、诚实劳动。崇尚劳动指树立正确的劳动价值观,充分认识到"劳动最光荣、劳动最伟大、劳动最崇高、劳动最美丽"。"热爱劳动"是培养正确的劳动态度,促进劳动者自觉劳动、积极劳动、主动劳动。"辛勤劳动"是对劳动过程及其强度的充分肯定,要求充分遵循劳动的客观规律以及要达到的劳动强度,体力劳动要付出辛劳和汗水,脑力劳动也要付出智慧和心血。"诚实劳动"是对劳动者品德的客观规定,表明劳动要踏踏实实、实事求是。(彭维锋,2021)劳动精神是中学生必备的精神之一,不论是做值日这种体力劳动还是学习这种脑力劳动,都应以劳动精神为指导,树立正确的劳动价值观,培养正确的劳动态度,尊重劳动客观规律,拥有良好的劳动品质,这样,劳动才能结出累累硕果。

劳动价值,并非从商品属性来评价劳动是一种价值,而是指劳动所创造的价值。一个人要创造价值,必须通过劳动才能实现,售货员张秉贵、杂交水稻之父袁隆平、种子达人钟扬以及田间劳作的农民,他们都是通过劳动——带有服务社会、无私奉献的性质的劳动——实现了自己的价值,创造了应有的社会价值,推动了社会的发展和进步。这对学生来说是一种深刻的认识,能够帮助学生正确认识劳动的意义,激发强劲的学习动力。

老师备课时可以尝试从这三个角度对"劳动"进行多元解读,帮助学生在进入高中之初,在人生最好的青春年华,对"劳动"这一并不陌生的概念建立全新的、深入的认识。通过浸润式学习和升华式提炼,从文本生动的人物故事的启迪,到"劳动"背后的内涵引领,学生能真正获得积极向上的劳动观、人生观、价值观。

劳动创造了人类,劳动创造了文明。随着科技的发展,人们逐渐从繁重的体力劳动中解放出来,体力劳动日益远离我们,但是,众所周知,人类失去了劳动本能就会走向衰亡。高中生学业繁重,脑力劳动多,体力劳动参与得少,这并不利于成长发展。教材担负着育人功能,编写者将"劳动"这一主题放在第二单元,编写意图显而易见,对于老师而言,应该遵循课标要求和教材编写意图,以"劳动"为大概念,进行教学设计,从理论到实践,把"劳动"的意义和价值讲解给学生,让学生充分认识"劳动"对于自己成长和人类发展的重要意义,纠正认知错误,激发劳动动力。

③ 单元设计

高中语文必修上第三单元整体教学构想

课程目标不同于教学目标,二者既相互区分又彼此融合。课程目标以"育人"为核心指向,是教育的根本;教学目标是具体而微的教学实践,是教育的体现。教学目标要以课程目标为引领,对教学方式和内容进行科学设置。对于第三单元,我们既要从微观上(即单独篇目)设定好教学目标,做好"教-学-评"一致性;更要从宏观上(即单元整体)设定好课程目标,体现语文学科核心素养。只有课程目标统摄教学目标,单元的整体设计才是完备的、科学的,才能充分体现"育"人的功能。

第三单元以中华优秀传统文化为核心,精选的诗词作品皆为经典之作,为教学设计与实践提供了广阔的发挥空间。第三单元的整体设计,可以大胆一些,从文化源头进行整体架构、宏观叙事,给学生一次文化上的"暴击",激发他们研究中华优秀传统文化的兴趣和决心。

第三单元篇目有《短歌行》《归园田居》《梦游天姥吟留别》《登高》《琵琶行》《念奴娇·赤壁怀古》(以下简称《念奴娇》)《永遇乐·京口北固亭怀古》(以下简称《永遇乐》)《声声慢》,其中《归园田居》《琵琶行》《永遇乐》《声声慢》为自学篇目。这四篇自学篇目文意浅近,但艺术性极高,是古典诗文的瑰宝,值得精讲细品。

这一单元分为三部分,分别是《短歌行》《归园田居》;《梦游天姥吟留别》《登高》《琵琶行》;《念奴娇》《永遇乐》《声声慢》。编写者将编写视角置于时代背景之下,求同或者求异,具有思辨性,不过,文体差异、思想差异,甚至文化差异没有得到鲜明的体现,因此,可以对本单元教学篇目进行重组。

重组的理由一表一里。

表:三部分的划分意图一览无余,置于时代大背景下,解读文化、思想的多元性,或对比,或类比。就此而言,学习难度不大,学生能够梳理明白。

里:立足文化基因,进行文化脉络的梳理和挖掘,利于学生对中国传统文化进行结构性建设,形成底层逻辑和顶层思维。

中国传统思想文化源远流长、博大精深,产生过许多不同的学说和流派。其中,儒家文化和道家文化逐渐发展成为中国传统文化的两大流派,成为中华民族文化的核心文化。

本单元可以从儒家文化、道家文化这两个"大概念"进行篇目重组,梳理出两种文化的精神特质。

儒家文化篇目:《短歌行》《登高》《琵琶行》《念奴娇》《永遇乐》《声声慢》。

道家文化篇目:《归园田居》《梦游天姥吟留别》。

基于"大概念"形成的重组内容,鉴赏重点如下。

一是儒家文化:入世、功名、家国、精神。

《短歌行》基于建功立业的人才渴慕;

《登高》基于忧国忧民的身世之悲;

《琵琶行》基于宦海沉浮的同病相怜;

《念奴娇》基于壮志难酬的人生追问;

《永遇乐》基于无能政权的讥讽批判;

《声声慢》基于国破家亡的忧愁苦闷。

这六首诗词,将个人遭遇、家国命运融合在一起,将渺小的个体置于宏大的时代之中,我们看到了个人与世俗的博弈,看到了内心的热血与世俗的悲凉,看到了生命个体的伟岸与国家政权的粗鄙。儒家文化讲究现世事功、修身养德、忠仁义礼,这六首诗词都体现了儒家文化的核心思想。从儒家文化切入,可以追溯"入世"的文化源头,追溯中华儿女家国情怀的思想根基,形成深刻的文化认同。

教学建议如下：

1. 梳理儒家思想文化的发展过程。孔子、孟子、荀子、董仲舒、程颢、程颐、朱熹、王阳明等代表人物的思想同中有异，"同"为传承，"异"是发展，儒家文化之所以强健，主要是因为政教合一，随着时代的发展，与政治联姻之后，落后腐朽思想的出现导致后世对其褒贬不一。

2. 思考当下儒家文化的积极意义。从大国崛起、科技发展、个人成长等角度多元探究，形成深刻认知，激发积极进取的人生态度。

二是道家文化：避世、自我、家园、精神。

《归园田居》基于厌恶官场的归隐情趣；

《梦游天姥吟留别》基于蔑视权贵的平等思想。

这两首诗均体现了道家思想的核心：拒绝与世俗合作，捍卫自我精神。道家哲学关注自我意识，向内关照的精神格局中个体价值被无限扩大，自成宇宙。世俗化的功名利禄完全进入不了道家哲学体系，山水田园是他们肉体的家园，道法自然是他们精神的归属。误入尘网，则要挣脱藩篱；贬谪放逐，则要"云之君兮纷纷而来下"。对世俗的摒弃与对自我人格的守护，成为道家文化的精神底色。

道家文化与儒家文化，如同一朵并蒂莲，盛开在中国传统文化的百花园中，最为亮眼。

教学建议如下：

1. 道家文化的源头是老子和庄子，后来，魏晋时期玄学兴起，出现了一些代表性人物。可以推荐学生阅读鲍鹏山的《庄子：在我们无路可走的时候》、余秋雨的《遥远的绝响》等散文，初步了解老庄思想和魏晋名士。

2. 思考当下道家文化的存在价值。从个人修为、精神困境、时代需求等方面探究，培养学生客观辩证的思维。

3. 将儒家文化与道家文化综合比较，深入探讨"人生困境"。每个人在成长发展的过程中，都会面临人生困境。面对人生困境，如何实现人生突围？是一味挑战，还是走向妥协，抑或选择儒家思想、道家思想兼而有之？两种思想的自治使用，能够让自己既充满斗志地追求理想，实现人生价值，又珍惜羽毛、适当脱离,保持精神独立。两种思想文化的适时引导能够让自己游刃有余,世俗理想可达成,精神独立可自守。

在教学实践形式方面,辩论、演讲、写作、观看专题片等都可以,首推辩论赛。

此外,可以将选择性必修上册第二单元的《论语》十二章前置到这一单元,放在《短歌行》前讲解。《论语》是儒家文化的源头,是中国文化的元典,"十二章"通过"道""仁""义""礼""恕"以及"君子"之德的阐述,对曹操渴求人才、建功立业的价值观进行了一次追本溯源,能够帮助学生对中国传统文化的主流——儒家文化形成宏观了解和微观把握。

还可以将选择性必修下册第三单元的《归去来兮辞(并序)》前置到这一单元,与《归园田居》合并赏析;如果有可能,也可以补充庄子的《逍遥游》,了解道家文化的思想源头"无为之道",便于了解陶渊明、李白鄙视世俗、蔑视权贵的思想基础,形成知识架构、整体认识。

高中语文五本教材中其他关于儒家、道家思想文化的篇目不建议前置于此单元,如果一个单元文本过于庞杂,会削减学习效果。我们以原有单元为基础,以语文课标思想为准则,以育人效果为根本,进行单元整合,设计出既有高度的课程育人教学体系,又易于落实的单元育人教学目标,这样,既有思想的碰撞与唤醒,又有知识的获取与梳理,一举两得。

此次单元整体设计打破了自然单元的原有框架,进行了一次以"大概念"为中心的重组,是一次大胆的尝试。徐洁老师认为,大单元"是指基于一定的学科目标或经验主题的学习单位,它既可以是教材中的自然章或单元,也可以是围绕学科大概念重构的学习内容"(徐洁,2023)。我们对"大单元""大概念"或许还有理解壁垒,但是,立足新课程标准和高考评价体系,我们就知道这道壁垒必须被打破。当我们从课程角度研究教学,立足课程标准研究教学实践,就更容易理解"大单元""大概念"的要义。

就学生的高阶思维而言,分析、评价、创造是教师着力培养的核心素养。单纯的知识点学习是浅层学习,停留在记忆、理解层面,高阶思维的训练和培养无法实现。唯有立足单元整体,进行多元思辨、开放包容的教学设计,才能推动教学实践的改革，真正实现育人目标。"学"源于"教"，教学理念是推动学习改革的前提，这对于教师而言是一场充满乐趣的挑战。

④ 单元设计

高中语文必修上第六单元整体教学构想

第六单元的单元主题是"学习之道"，旨在帮助学生形成正确的学习观、改进学习方法、提高学习能力。课文有《劝学》《师说》《反对党八股》（节选）（以下简称《反对党八股》）《拿来主义》《读书：目的和前提》《上图书馆》，均为古今中外名篇佳作，有"议"有"叙"，"事""理"并重，构成了一个宏观庞大、纵横交错的阅读体系。课文排序由古及今，遵循时间顺序；如果从认知角度进行重组，顺序可以调整为《读书：目的和前提》《上图书馆》《反对党八股》《拿来主义》《师说》《劝学》，尊重学生的认知规律，遵循由"叙事"到"说理"的逻辑顺序，将"自我"前置，在"学习之道"上，由"我"及"他"，从丰富的自我体验到深入的理论探究，达成学习道路的认知畅通。

《读书：目的和前提》是德国作家黑塞的作品。将其放在单元之首，是因为此文叙议结合，既有作者生动活泼的现身说法，又有与读者心灵相通的读书心得，将阅读杰作看成获得教养而不是获取知识的途径，与读者阅读需求高度契合。当今社会有两个现象对学生的阅读造成了阻碍：一是推荐书目的无处不在；二是各种短视频、爽文的高密度渗透。推荐书目目的性过强，无形中会产生一种强制性，易忽视个性需求和阅读体验，窄化阅读兴趣；短视频、爽文世俗化过重，几乎与教养无关，博眼球赚流量的创作导向会不择手段地让人深陷其中，误导、固化认知，中学生自控力弱，更易受到伤害。如何促进中学生高质量阅读是一个社会问题，黑塞在《读书：目的和前提》中给出了很好的答案。

1. "为获得真正的教养可以走不同的道路，最重要的途径之一，就是研读世界文学。"

黑塞阐释了阅读目的，将教养与阅读紧密相连，建立了因果关系，这是一个创举。我们通常的认知是阅读是为了增长知识、开阔视野。黑塞独出心裁的观点令人耳目一新、怦然心动。读书的格局大了，阅读的动力也就强了。

2.“让每个人凭自己的爱好开始阅读，读一部文学作品或者一首诗，或者一则报道、一篇论文，以此为出发点，然后再扩而大之。”

黑塞说明了阅读特点，给予了非常亲民的阅读建议。“凭自己的爱好开始阅读”，基于兴趣打开阅读大门，有了兴趣和习惯再曲径通幽。我们在教学中可以提倡学生自由阅读，阅读杰作是首选，对文学作品质量的甄别至关重要。教学的目的是立德树人，不必拘泥于框架，教师可以适度放开手脚，鼓励学生阅读自己感兴趣的书籍。

3.“没有爱的阅读，没有敬重的知识，没有心的教养，是戕害性灵的最严重的罪过之一。”

黑塞赋予了阅读前提——“爱”与“敬重”，这是富有教养的体现，将“阅读为了积累知识”和“阅读为了获得教养”进行了比较，高低上下自见分晓。当我们，尤其是学生淡化了阅读的功利性——读书是为了积累知识——排斥读书的态度自然减弱，当读书成为一种随意性的存在，成为我们的“朋友”而不是任务时，阅读就会成为生命的一部分，如春风荡漾温暖心怀。

4.“我们先得向杰作表明自己的价值，才会发现杰作的价值。”

黑塞打通了阅读渠道，唯有我们与书籍平起平坐、相互尊重，才能彼此成就。黑塞得出这个结论的前提是“当今之世，对书籍已经有些轻视了”这一社会现象。对阅读缺少必要的尊重，是社会病态的一种直接表现。杰作的价值不会改变，我们待之的态度轻慢了，自己就贬值了，所以黑塞给了我们当头棒喝，我们首先要向杰作表明自己的价值：当我们从爱与敬畏出发去阅读时，杰作才会拥抱我们。

《上图书馆》放在单元第二篇，本文通俗易懂，清新活泼，极具亲和力。诗人王佐良以“乐”为中心，串联起了自己在世界各地不同图书馆的乐趣，表达了对图书馆的深深礼赞。王佐良对图书馆的礼赞和颂歌，真诚热烈，能够让我们忆起在图书馆阅读的经历，阅读的真实体验有益于我们认知的升华。现在的图书馆不同以往，形式多样、功能多元，益于人们获得沉浸式阅读体验，成为人们的心灵港湾，老师可以带领学生到学校图书馆或者周末到市图书馆真实体验一番，享受在图书馆尽情阅读的乐趣。情境的完全生活化和体验的真实获得，对于"学习之道"的体悟是最宝贵、最不可代替的。

《读书：目的和前提》《上图书馆》是两篇灵动有趣的随笔，虽然是自学篇目，但是对于整个单元来说，通过情境化设置进行教学，与学生的生活融为一体，通过真实体验的获得为整个单元教学蓄势发力，利于其他四篇论述类文本的内容学习和思维进阶。

《反对党八股》是一篇典型的论述类文本，学习提示部分对其写作背景进行了清晰明了的交代。将之作为本单元第三篇文章，是因为本文观点鲜明、论证清晰、逻辑严谨、批判有力。本文观点"理论联系实际"可以直接用在课堂的教学设计上，活学活用，体现"学习之道"。

党八股的坏处是：空话连篇，言之无物；装腔作势，借以吓人；无的放矢，不看对象；语言无味，像个瘪三；甲乙丙丁，开中药铺；不负责任，到处害人；流毒全党，妨害革命；传播出去，祸国殃民。作者从内容到形式到态度到影响，进行了全面的批判和纠正。

本文是如何做到完全摒弃了党八股的坏处，遵循"理论联系实际"这一观点的呢？

本文论证语言精练、风趣幽默，俗语方言的使用使得论证明白如话，生活气息浓郁；事实论证取材现实生活，平易近人，针对性强，说服力强；论证方法以批判为主，就事论事，一针见血，不留情面；论证观点鲜明，对不良现象批判后，接着立起自己的观点，紧紧围绕"理论联系实际"，不枝不蔓；论证支架简洁有力，全文使用引论、本论、结论的结构，中间使用并列式结构，论证过程严丝合缝。本文立足实际展开论证，充分体现了"理论联系实际"的重要性。

本文对学生的学习和写作都有很强的指导意义。可以组织学生结合本文的前五个观点，进行作文改写训练，让学生充分认识到写作"务实"的重要性，用身边事，说大众话，力图改变当下语言重于内容、形式大于思想的机械化写作现状，消除学生写作言之无物、缺少思维逻辑的弊病，促使学生秉持"道理来自生活、生活孕育真理"的写作态度，在正确的"学习之道"上前行，培养终身受用的写作水平。

如果忽略了《反对党八股》的现实意义，不能有效地与学生的学习生活有机结合，本文的价值功能就难以发挥，此文被当作自学课文也就在所难免了。

《拿来主义》作为第四篇，是因为与《反对党八股》有相同之处，都有批判的对象。《反对党八股》批判党内形式上文风扭曲、不切实际，思想上陷入形式主义、主观主义、宗派主义等。（有人认为《反对党八股》用了驳论，我不赞成，驳论是反驳对方的观点，《反对党八股》是反对错误文风和现象，"空话连篇，言之无物"等是作者对党八股文风现象的高度概括，不是反驳对象）《拿来主义》驳立结合，在反驳"闭关主义""送去主义"之后，提出自己的观点"拿来主义"。因此，两篇文章放在一起，有延续性，也可以对一些关键概念讲解透彻（通过《反对党八股》《拿来主义》区分"批判"和"驳论"）。

另外，《拿来主义》一文的论点具有很强的思辨性，是很好的"学习之道"。

第一步，"我们要运用脑髓，放出眼光，自己来拿"；第二步，"他占用，挑选"，然后，"或使用，或存放，或毁灭"。经过这两步，"拿来主义"才算真正实现。在这个逻辑递进中，我们要动脑筋判断取舍，不能来者不拒，什么都拿；占有之后，不能兼收并蓄，而要经过挑选之后，分类处理，才算真正"拿来"，"拿来主义"的功能价值才能发挥出来。

这对学生的学习而言指导性很强，"拿来主义"是当今社会所有学生应该具备的认知态度、处事方式。信息爆炸的时代，如何处理进入我们大脑的信息，鲁迅的"拿来主义"给了我们明灯般的启示。

单篇教学设计上，可以组织演讲或者辩论，从学习的真实情况出发，探讨当下学习的取舍。在对"拿来主义"的吸收消化中，自觉自发地转变为主动"拿"，主动辨析所"拿"之物，如果能够进入元认知阶段，主动监控自己的认知并做出正确的选择，学习此文的意义就会增加不少。

《师说》作为第五篇压轴出场，其重要性可见一斑。此文"无贵无贱，无长无少，道之所存，师之所存""弟子不必不如师，师不必贤于弟子"的论断，在一千多年以前是暮鼓晨钟般的真理，一千多年以后，同样令人醍醐灌顶。

《师说》将矛头对准了当时"耻于相师"的世态，进行了辛辣的讽刺，同时鲜明地提出了自己的观点,韩愈在本文中的坚定态度和认知高度是划时代的,他所揭示的道理具有普适性,是亘古不变的真理,与当下所说的"科学学习观"异曲同工。学无贵贱长少,三人行必有我师;老师和弟子没有绝对的界限,谁都可以超越谁,这是多么先进的思想认识啊! 就今天的学习而言,谁都可以成为学习对象,谁都可以成为老师,没有一个人的身份是固定的,我们哪怕有一丁点的学习优势,都可以成为他人的学习榜样。这种极富思辨色彩的观点,打破了固有的认知界限,给学习的学生松了绑,让学生认识到自己的无限可能,利于学生树立自信心;给授课的老师松了绑,老师不必以师道尊严来教育学生,相互欣赏是最好的"学习之道"。

本文的观点需要深化,不能点到为上或者读读背背,就完成教学任务了。如果我们与学生一起通过情境设置,如从学生群体中选拔"学科小老师",让选中者就某个问题展开授课讲解,这种互动性强、展示性强、思维碰撞激烈的活动,其学习效果远超单一的教师授课模式。

《劝学》放在最后一篇,是对本单元的一个总结,"学习之道"在"学不可以已",也就是在树立"终身学习观"上画上句号。实则前五篇文章的学习均在进行"劝学"活动,在逻辑推进中,先通过学习生动活泼的随笔获得生命体验,后通过学习严谨周密的论述类文本进行深度探究,进而推动思维进阶。虽然有点理想化,但教学设计合理且实施过程科学的话,教学效果会成倍增加。

《劝学》一文通过生活化的巧妙设喻和形象化的说理论证消除了时代隔阂。文中"博学而日参省乎己,则知明而行无过""君子性非异也,善假于物""积善成德,而神明自得"的观点,没有时代标签,蕴含着永恒不变的道理。不过,时至今日,社会的进步让这些道理的力度弱化。今天,教育的普及促使大脑开发越来越早;信息化时代促使学习途径日益多元,甚至学校的边界逐渐被打破,线下学习与线上学习的结合,极大地消除了学习壁垒,使得学习无处不在,学习条件唾手可得,学习环境虚实皆可,学习内容无限扩大。科技完全改变了"学习"的定义,所以,《劝学》中的一些观点无须多讲,学生一看就懂一听就会,甚至会产生漠视心理、怀疑心理。在这种被轻视、无法共鸣的情况下,课堂教学常流于形式,教学效果会大打折扣,如此,不如立足"终身学习观",将《劝学》讲出时代性。当古文脱下了长袍,被赋予了时代内涵,这不正是对传统文化的积极传承吗?

建议组织学生写《"劝学"新解》,将时代背景置于今天。随着互联网的普及、人工智能的应用,越来越多的问题能很快得到答案,在如此便捷的学习环境中,如何学习,以符合时代所需,不被时代抛弃?写完之后,将荀子的《劝学》与学生的《"劝学"新解》进行比较,探究时代发展对"学习"的新定义和对人类的新要求,促进学生自觉地去寻找属于自己的"学习之道"。

《反对党八股》《拿来主义》《师说》《劝学》是时代的产物,带有鲜明的时代印记,四位作者站在不同的立场,通过缜密的论证,向我们阐释了学习之道、为人之道。四篇文章揭示的事理、传达的心声,在历史的长河中酝酿、发酵之后,只有被我们装进当今这个时代的酒瓶,才能酿造出立德树人的美酒佳酿。

崔允漷说,"学习单元由素养目标、课时、情境、任务、知识点等组成,单元就是将这些要素按某种需求和规范组织起来,形成一个有结构的整体",如何确定大单元?"研读本学期的相关课程材料,特别是教材的逻辑与内容结构,与教材内容对应的课程标准的相关要求、学生的认知准备与心理准备……"(崔允漷,2019)可见,单元篇目重组,以逻辑为前提,以发展为目标,以素养为根本,改变文言文以传授知识为主的刻板思维,通过"盘活"文言篇目,真正实现语文课程的综合性和实践性功能。

⑤ 单元设计

高中语文必修下第二单元整体教学构想

从知识本位转向素养本位,意味着教师的职责从"教书"转变为"育人",教学设计的出发点不再只是让学生学会教材中规定的内容,而是让学生通过掌握学习内容促进其核心素养的发展。实现这一育人目标,关键在于大单元教学的实施。大单元教学有自己的设计逻辑和实施步骤,其本质是为学生建构可迁移的有组织的学习经验。崔允漷教授认为,大单元教学包含 6 个核心要素:单

元名称与课时、学习目标、评价任务、学习过程、作业与检测、学后反思。（崔允漷，王少非，杨澄宇，周文叶，雷浩，2023）

　　理论上，大单元教学中的单元主题，或者说"大概念"，并不局限于教材"自然单元"内部，而是基于"大概念"来组织学习内容，可以跨单元，甚至跨学科。鉴于教学实情，突破"自然单元"进行大单元教学设计，难度较大，因此，本文主要探讨如何在"自然单元"框架内进行大单元教学设计，这样既符合国家教材编写的宗旨，又能聚焦核心素养的培养，从而实现教育的根本目标——"育人"。

　　统编版语文教材必修上、下共16个单元，必修上第四单元是"家乡文化活动"，第五单元是整本书阅读（《乡土中国》），第八单元为"词语积累与词语解释"；必修下第四单元是"信息时代的语文生活"，第七单元是整本书阅读（《红楼梦》）；其余11个单元，均由3到7篇不同的文本组成。基于大单元教学的特点，这11个单元都能提炼出至少一个单元主题，聚焦语文核心素养，实现国家的育人要求。（其他7个单元也都能提炼出一个单元主题，但由于它们以实践或阅读为主，所以不与这11个单元进行统一分析。）

　　必修上各单元主题如下。

　　第一单元："青春"或者"青春的价值"。

　　第二单元："劳动"或者"劳动的意义"。

　　第三单元："古代诗词"或者"传统文化"。

　　第五单元："学习之道"或者"学习的重要性"。

　　第七单元："景中情"或者"景中思"。

　　必修下各单元主题如下。

　　第一单元："古人的智慧"或者"经典中的思想"。

　　第二单元："悲剧人生"或者"悲剧的价值"。

　　第三单元："科学素养"或者"科学思维"。

　　第五单元："抱负与使命"或者"实用性文本的特征"。

　　第六单元："小说的批判性"或者"小说的现实主义"。

　　第八单元："理性的声音"或者"责任与担当"。

依据单元导语和各单元文章篇目的共性,提炼出一个或多个单元主题,并结合大单元教学特点,进行"微课程"教学设计。从上述单元主题可以看出,"大概念"有时比较宏观或者抽象,不够明确具体,这一点无须多虑,因为与单元篇目相结合后,就能较好地处理虚实之间的关系,当然,也可以对单元内的篇目重新分组,确定更加明确的主题,例如必修上第三单元,可以将其划分为体现"儒家文化"和"道家文化"的两个大概念,进行大单元教学设计。

接下来,以必修下第二单元为例,围绕大单元教学的六个核心要素——单元名称与课时、学习目标、评价任务、学习过程、作业与检测、学后反思,进行教学设计。

第二单元由《窦娥冤(节选)》《雷雨(节选)》《哈姆雷特(节选)》3篇课文构成。上述课文均为古今中外的戏剧经典。本单元的单元主题可以围绕"戏剧""悲剧人生""悲剧的价值"等展开,现以"悲剧的价值"为单元主题进行大单元教学设计。

一、单元名称与课时

单元名称:"悲剧的价值";课时:6课时。

(说明:课时的确定要结合学习目标,做到合理、科学,务必杜绝因为赶教学进度而缩减课时的现象。)

二、学习目标

1. 深入研读3篇课文,掌握剧情内容,通过对窦娥、周朴园、哈姆雷特等角色的深入分析,掌握人物形象塑造的手法,形成知识图谱,与同学交流探讨。

2. 深入研读3篇课文,理解其中的矛盾冲突,培养批判性思维能力,提升认知层次。

3. 进行文本联读,分析窦娥、鲁侍萍、哈姆雷特等人物的悲剧人生,探讨悲剧命运的内涵及其价值,激发内心的良知与悲悯情怀。

(说明:学习目标的制定,要符合崔允漷教授提出的"五步三问法",紧扣"过程、结果、表现"三个步骤。)

三、评价任务

1. 进行小组活动,交流和展示人物形象塑造手法的知识图谱,并补充修订。

2. 应用所掌握的人物形象塑造的手法,对课文中自己感兴趣的其他人物进行分析,并与同学交流。

3. 形成自己的关于"悲剧的价值"的理解,并在课堂或小组研讨会上,以演讲的形式,深入、辩证地表达自己的观点。

(说明:评价任务的确定要与学习目标相匹配,评价任务是对学习目标的验证和检测。)

四、学习过程

第一、二课时:结合学习目标一、二,研读课文,写出人物形象塑造手法的知识图谱,并找出矛盾冲突;个性化的问题,与老师、同学及时交流、解决。

第三课时:课堂展示学习目标一、二的学习成果,教师点拨、纠正、补充;结合学习清单的提示,运用人物形象塑造手法给某一同学"画像"。

第四课时:教师重点讲解3篇课文中的矛盾冲突,并引导学生思考戏剧设置矛盾冲突的原因和意义;结合学习清单的提示,假设窦娥生活在今天,写出在她身上体现的矛盾冲突。

第五课时:结合学习清单,从3篇课文中自选话剧片段以小组为单位表演,并说明表演过程中的收获,同时将课下创作的小话剧进行交流分享。

第六课时:小组讨论"悲剧的价值",并推选小组优秀作业进行班级交流;同时以四大名著中的刘备、唐僧、宋江、贾宝玉为例,谈谈这些人物身上的悲剧性及启示。

(说明:学习过程重在经验的获得和生成,重视学习活动的情境化设置,活动设计有梯度,体现思维进阶的培养过程。)

五、作业与检测

1. 将课堂上整理的关于人物形象塑造的手法,进行完善加工,形成内容完整、逻辑清晰的知识图谱。

2. 窦娥、周朴园等人物穿越到今天,在他们身上会发生完全不同的故事,基于矛盾冲突,想想他们会发生什么故事。

3. 结合课堂所学所思,创作小剧本。

4. 以小组为单位,将"悲剧的价值"文字稿整理成册,相互交流,阅读。

(说明:作业与检测要符合学习目标,验证学习目标的达成度;检测方式多种多样,试题检测只是其中的一种。)

六、学后反思

1. 通过本单元学习,你了解了关于戏剧的哪些知识?

2. 在整理关于人物形象塑造手法的知识图谱时,你会遇到问题,也会有收获,如果你想把问题或者收获分享给你的同学,会分享什么?

3. 从班级日常的学习生活中,选取一个符合剧本要素的片段,写下来或者讲述给同学听。

(说明:反思是元认知的体现,积极促使学生通过反思完成对自己学习的诊断、纠正和调整。)

我们不难发现,基于 6 个核心要素,大单元教学设计与传统的单篇教学、以知识传授为主的教学有着本质区别。大单元教学设计强调真实情境的构建,注重学生之间的合作与交流,激励学生通过与环境的互动以及结合自身经验,主动构建知识网络,并提高学习的实际应用价值。以第二单元"悲剧的价值"这一"大概念"所支撑的大单元教学方案,突显了教学的整体性、实践性和反思性。在整个教学活动中,学生是学习的主体,所有学习活动均在教师的引导下进行,学生积极参与,通过个人实践或小组合作完成学习任务,并通过反思促进自我认知的校正和深化。这六个核心要素共同构成了一个完整的教学链条,确保了学生学习过程的连贯性、完整性,有利于学生核心素养的良好发展。

⑥ 单元设计

高中语文必修下第三单元整体教学构想

第三单元精选了四篇文章:《青蒿素:人类征服疾病的一小步》《一名物理学家的教育历程》《中国建筑的特征》《说"木叶"》。这四篇文章均为"知识性读物",涵盖了演讲稿、自传体的叙事散文、科技论文、文学评论等多种文体。编写者旨在通过这些风格迥异的文章,从多角度、多层面探讨"发展科学思维,培养科学精神"这一核心主题。

作为知识性文章,这几篇文章语言简洁明了、通俗易懂。《中国建筑的特征》在介绍中国传统建筑的构造时,运用比喻,将传统建筑的风格和特点称之为"文法",将构成建筑的不可少的构件和因素称之为"词汇",生动活泼地展现了传统建筑的构造和蕴含的事理,趣味盎然。

从大单元教学的角度出发,本单元的整体教学构想应以语言特点和行文思路的简要说明为基础,无须专门安排课时进行详细讲解。立足核心素养,本单元的学习重点放在"科学思维的发展和科学精神的培养"上,需要深入探究。

《青蒿素:人类征服疾病的一小步》一文中的"科学思维和科学精神"主要体现在以下四个方面。

一是谦虚。屠呦呦在诺贝尔领奖台上的发言体现了科学家的谦逊与温和。她在演讲中谦虚地说道,"我从未梦想过会有今天这样荣耀的时刻,我的研究受到国际科学界的赞誉","青蒿素的发现是人类征服疾病进程中的一小步"。这种谦逊低调的精神是伟大科学家共有的特质,也是他们持之以恒、永不言弃的巨大动力。

二是坚持。文章中"发现青蒿素的抗疟疗效"这一部分详细描写了科研过程的艰辛与漫长。收集"2 000个方药",筛选出"640个",提取"380余种"提取物,这些数字体现了科研工作者坚持不懈的精神。科研过程枯燥漫长,一个一个挑选,一个一个测试,进展缓慢甚至经常失败,但正是因为这种矢志不渝的科研精神，最终实现了科研的重大突破。

三是博爱。青蒿素被世界卫生组织列为一线抗疟药物，拯救了世界各地无数生命，特别是非洲孩子的生命。屠呦呦团队从传统中医文献中获得灵感和启示，研发青蒿素，经过不懈的努力最终研发成功，造福世界人民。正因为科学家具有为民造福的博大胸襟，他们才有源源不断的动力挑战科研道路上的艰难困苦，这种胸怀天下的科学精神，正是推动科学发展的不竭动力。

四是创新。不管是青蒿素的提取，还是其他药物，如中药砒霜、石杉碱甲，都获得了当代的重要发展，成为治疗疾病的"重要选择"或者临床用药。从青蒿素的研发可以看出，中医药学在时代发展中日益彰显科学价值。青蒿素的发现是屠呦呦团队从中国古代典籍中找到灵感，转换研究思路，最终取得突破的结果。科研过程就是创新过程，大胆假设、勇于质疑是重要的科学思维。新的科学发现，往往是在旧有知识、成果的基础上，创新发展而来。

《一名物理学家的教育历程》一文中的"科学思维与科学精神"主要体现在以下四个方面。

一是遐想。爱因斯坦说过，想象力比知识重要。本文验证了这一观点。加来道雄童年时喜欢蹲在一个小池边，看着五彩斑斓的鲤鱼浮想联翩。加来道雄认为这是自己成为物理学家非常重要的一步。面对池中鲤鱼的遐想，他反思"科学家"的一些固化思想，从而更加促进了自己科学思维的发展。加来道雄的遐想促使他贪婪地阅读关于高维世界的书籍，在遐想与阅读中，科学素养得到了最好的发展。

二是怀疑。池塘中鲤鱼的世界，恰似我们人类社会的镜像，我们往往自视甚高，自以为是，如同那些鲤鱼。睡莲在激流中摇曳，被无休止的水波所摆布，然而鲤鱼"科学家"们却虚构出"力"的概念，以掩饰自己的无知。加来道雄甚至想象从池中捕捞出一位鲤鱼"科学家"，观察其反应，通过这一想象，他表达了对现实世界的深刻怀疑。这种可贵的怀疑精神，正是加来道雄科学探索旅程的起点。

三是好奇。好奇是最好的老师，无须他人提醒和监督，就能积极主动地参与到自己感兴趣的事情中来，乐此不疲。好奇可以让一个人无比痴迷并付诸行动,加来道雄八岁时被老师讲述的一个伟大科学家的故事迷住了,于是决定"学习我能学到的关于爱因斯坦的一切"。好奇可以让一个人坚定信念并付诸行动,加来道雄决定学习关于爱因斯坦的"一切"时,开始大量阅读,读完当地图书馆的书籍后,到全市搜寻图书馆和书店,刨根问底,最终促使自己成为一名理论物理学家。

四是无畏。加来道雄认为世俗的约束对于大多数成年人而言很难超越,但是自己"没有考虑所要遭遇的困难",着手建立"我自己"的电子对撞机。加来道雄这方面的经验一点也没有,但是因为自己一直研究科学文献,确信能够建造一台电子感应加速器。在建立过程中,想方设法独立完成各种工作,虽然经常面临失败,但是从未放弃,这种无所畏惧、大胆尝试的科学精神,最终促使实验成功。

《中国建筑的特征》一文中的"科学思维与科学精神"主要体现在以下两个方面。

一是严密。梁思成以其严密的思维,对中国建筑的特征进行了清晰而明确的阐释。科学思维的核心之一便是严密性,它对于获取精确的科研数据或深入透彻地解释事理至关重要。为了使中国建筑的特色一目了然,梁思成主要运用了分类阐释和类比阐释的方法。他将中国建筑的基本特征归纳为九个要点,并逐一进行阐述,语言简洁明了,易于理解。在阐释过程中,他还巧妙地运用了类比手法,将建筑与语言文字相关联,用"文法"和"词汇"来进一步阐释建筑的特色。通过这种关联,去除了陌生化和距离感,读者可以借助语言文字的相关知识,轻松理解中国建筑的独特之处。

二是精确。科研成果的研发过程需要工匠精神,唯有严密精准的研发,才能获得准确无误的结果。精益求精、高度专注是工匠精神的内核,也是科学精神的内核。科技论文的写作,同样需要严密准确的科学思维和精益求精的科学精神,如隔扇、斗拱、正脊、正房、厢房、游廊等中国建筑术语要具体、准确,又如阐释"词汇""文法"时,说"它们是从世世代代的劳动人民在长期建筑活动的实践中所积累的经验中提炼出来的",追本溯源,逻辑贯通。科技论文是科研成果的书面表达,同样是重要的科研成果,体现着科技工作者的科学素养。

《说"木叶"》一文中的"科学思维与科学精神"主要体现在"探究"上。

文中对两个问题进行了深入探究:"木叶"是什么？古代诗人在什么情况下用"木"字？作者广泛搜集资料并进行深入分析,揭示了古人在创作和鉴赏过程中对"暗示"的重视。基于这一视角,文章进行了详尽而精细的研究,将复杂且抽象的问题阐释得清晰透彻。追求真理的价值远超过单纯拥有真理。探究的过程涉及发现、诊断、质疑和构建等多方面的思维活动,这正是科学精神的生动展现。本文如同抽丝剥茧一般,从浩瀚的史料中梳理和考证,其过程静水流深,平和舒缓,充分展现了"探究"的送人魅力。

谦虚、坚持、博爱、创新、遐想、怀疑、好奇、无畏、严密、准确、探究等元素共同构成了"科学思维和科学精神"的内涵。

这四篇文章浅近通俗,没有阅读和理解的难度,教学活动的设置可以更加开放,不必拘泥于单元内部或者语文学科。例如,可以与物理、化学、生物等学科进行跨学科融合,在本单元科学素养的指导下,通过一个理科实验,让学生亲身体验科学研究的全过程,从而深刻理解科学素养的重要性;再如,组织一次访谈活动,学生担任主持人,对教师或校级领导进行访谈,可以促使学生在准备阶段更加细致全面,访谈过程更加严谨深入,以及访谈后的整理工作更加准确、有条理,访谈全过程就是科学素养的培育过程。正是由于这些跨学科融合和开放式学习活动的组织,能够有效激发学生的好奇心和兴趣,从而实现卓越的学习效果。

2021 年,国务院印发的《全民科学素质行动规划纲要(2021—2035 年)》中指出:"科学素质是国民素质的重要组成部分,是社会文明进步的基础。公民具备科学素质是指崇尚科学精神,树立科学思想,掌握基本科学方法,了解必要科技知识,并具有应用其分析判断事物和解决实际问题的能力。"可见科学素养对于公民和国家的重要性。科学素养并非仅限于科学家,而是每个公民都应具备的基本素质,特别是学生,应在教师的教学活动中培养正确的科学素养,这是教育的核心所在。在学习过程中,具备科学素养的学生能够更加客观、辩证地看待问题,保持平和的学习态度,追求长期发展,耐心地培养自己的兴趣和爱好;他们能够主动规避非黑即白的认知错误,不会偏激行事,遇事三思是他们的行事准则;他们也不会短视、急功近利或好高骛远,而是脚踏实地,专注于自己的发展;他们的生活丰富多彩,学会了自爱,也学会了关爱他人;最为重要的是,他们具有持续钻研的精神,具有更强更持久的创新能力。《义务教育科学课程标准(2022年版)》明确指出,科学课程的目标是培养学生的核心素养,包括科学观念、科学思维、探究实践和态度责任四个方面。(中华人民共和国教育部,2022)这体现了国家培养和提高国民科学素养的坚定决心。因此,本单元的教学任务以科学素养为核心,通过高质量的教学实践活动,潜移默化地影响学生,为培养学生的科学素养贡献语文教学应有的力量。

⑦ 单元设计

高中语文必修下第八单元整体教学构想

第八单元精选了四篇文言文:《谏太宗十思疏》《答司马谏议书》《阿房宫赋》《六国论》。这些作品分别属于奏疏、书信、辞赋和史论;以论述为主,展现了古代文人的说理艺术和论证智慧,是先辈留给后人的宝贵文化遗产。学习这些文章,能够激发我们匡扶正道、坚守正义的责任感和使命感。

文言文是中华优秀传统文化的重要组成部分。学习文言文,旨在"培养民族审美趣味,增进对中华优秀传统文化的理解,提升对中华民族文化的认同感、自豪感,增强文化自信,更好地继承和弘扬中华优秀传统文化""体会其精神内涵、审美追求和文化价值"。(中华人民共和国教育部,2020)本单元的"单元导语"建议围绕"倾听理性的声音"这一核心任务展开,理解文中作者的观点和现实针对性,欣赏其说理艺术,培养学生的思辨思维。本单元的教学设计可以分为两个阶段:首先是单篇讲解,然后是文本联读,从文本观点、现实针对性、说理艺术三个方面进行比较分析。

一、文本观点

《谏太宗十思疏》:"思国之安者,必积其德义。"强调"守成"的重要性。

《答司马谏议书》："名实已明,而天下之理得。"强调"除弊"的重要性。

《阿房宫赋》："灭六国者,六国也,非秦也。族秦者,秦也,非天下也。"探讨"秦朝速亡"的原因。

《六国论》："六国破灭,非兵不利,战不善,弊在赂秦。"探讨"六国破灭"的缘由。

二、现实针对性

《谏太宗十思疏》:唐太宗继位后,铭记隋炀帝的教训,励精图治,国富民安,内外无事,逐渐骄奢忘本,四处巡游,大兴土木,劳民伤财,"不念居安思危,戒奢以俭,德不处其厚,情不胜其欲""既得志则纵情以傲物"。魏征对此忧心忡忡,遂写此文以示警诫。

《答司马谏议书》:宋熙宁二年(1069年)二月,王安石推行新法,采取一系列措施进行改革,保守派对此强烈反对。司马光给王安石连写三封长信,反对变法,信中列举了王安石变法的五项罪状:"侵官、生事、征利、拒谏、致怨。"王安石回信反驳。

《阿房宫赋》:"宝历大起宫室,广声色。"来自课下注释的这两句史料直指唐敬宗李湛,荒淫无度,不问朝事,好治宫室,规模巨大,有亡国之象。杜牧写此赋,向统治者发出了严厉警告。

《六国论》:"苟以天下之大,下而从六国破亡之故事,是又在六国下矣。"北宋每年向辽和西夏进贡大量银两和商品,这种贿赂助长了辽、西夏的气焰,加重了人民的负担,严重损害了北宋的国力,带来了无穷的祸患。苏洵撰写此文,警告统治者吸取六国灭亡的教训,避免重蹈覆辙。

三、说理艺术

《谏太宗十思疏》

文体形式上:大臣向皇帝进谏,采用"奏疏"形式,严谨整饬,骈散结合,既讲究谏言上的气势,又讲求情感上的恭敬。

写作策略上:采用正面劝谏的方式,直言进谏,以"十思"逐层递进,铺排推开,提出具体的治国建议。

说理手法上:善用起兴(如"木之长者……必积其德义")、比喻(如"载舟覆舟")、排比(如"十思")等手法,形象生动,语势强烈,气势逼人。

情感基调上:忧国忧民,气理充畅;以臣子身份进谏,兼具忠诚与谦卑。

《答司马谏议书》

文体形式上:同僚之间书信往来,以书信形式给予强有力的反驳,针对性强,逻辑缜密清晰,语言简洁犀利。

写作策略上:针对司马光"侵官、生事、征利、拒谏、致怨"五条指责,逐一反驳,态度强硬,理足气盛。

说理手法上:先情后理,笔力精锐,讲究驳论技巧,注重逻辑拆解(如"名实之辩"),体现理性思辨。

情感基调上:冷静坚定,立足国家大业,以改革家的姿态回应质疑,掷地有声。

《阿房宫赋》

文体形式上:采用赋体议论文的形式,铺陈渲染,辞藻华丽,想象丰富,叙事抒情,情理结合。

写作策略上:借古讽今,通过描绘阿房宫的奢靡豪华与秦亡的历史教训,暗讽晚唐荒淫无度的统治阶级。

说理手法上:宏壮巨丽,铺张扬厉,骈散相间,排比错落,富有想象,善用比喻。

情感基调上:悲愤沉痛,感情强烈,借历史悲剧抒发对统治阶级的强烈不满和对现实的深切忧虑。

《六国论》

文体形式上:采用史论形式,开门见山,论点鲜明,论据翔实,论证严密。

写作策略上:史论结合,以六国灭亡为例,提出"弊在赂秦"的论点,论证逻辑性强。

说理手法上:史实与议论相结合,以六国灭亡为典型事例,借古讽今,语言质朴,思路严谨,分析透彻。

情感基调上:冷静犀利,以史学家的视角看待历史,评价历史,总结历史教训,警示统治阶级。

第八单元的四篇文言经典,闪烁着智慧的光芒,也彰显着人性的光辉。魏征忠诚直言,王安石果敢反驳,杜牧曲折进谏,苏洵以史为鉴。直言进谏需要勇气、胆识、智慧;直接反驳讲究思路缜密,逻辑严谨;曲折进谏讲究说理艺术,通过铺排夸张达到说理效果;史论结合通过辨析历史得出结论,借古讽今,切中时弊。

不论采用哪种文体形式,这四篇文言文都以说理为主,论证特色鲜明。我们在学习的过程中,倾听理性的声音,是为了以史为镜,直面当下,同时,也要学会在辩证分析和合理推理的基础上进行理性判断,大胆质疑,缜密推断,提出自己的见解主张。

例如,《谏太宗十思疏》强调"德"的重要性,文中说"德不处其厚,情不胜其欲,斯亦伐根以求木茂,塞源而欲流长者也",是说"无德"则不能治理好国家。这个观点放在今天,是否成立?当下社会,需要以"德"治国,以"法"治国,还是"德""法"并重?

例如,《答司马谏议书》是一封改革家送给保守派的挑战信。王安石重情更重理,是一位辩论的好手,反驳力度强硬,直截了当,不容置疑。如此强硬的态度和高调的姿态,是否有助于王安石变法的推进?

例如,《阿房宫赋》是一篇文采斐然的辞赋,"铺采摛文,体物写志",辞赋侧重写景,借景抒情。但是《阿房宫赋》情理交融,尤其是文章的最后一段,直接议论,这种写法,后人对此褒贬不一,你怎么看?

例如,《六国论》中苏洵建议把贿赂秦国的钱财用来封赏天下的谋臣,把讨好秦国的心思用来礼遇天下的奇才,形成合力对付强国。假如我们身处苏洵的时代,还能为当时的统治者提供哪些治国良策?

借鉴古文的智慧,才能真正实现其价值。这些问题是对文本深入思考的体现,是在文本基础上提出的更具思考深度的问题。通过思考与讨论,我们能够深化理解,增强批判性思维。

传统的文言文教学方式往往忽视了"倾听理性的声音"这一核心教学任

务,使得培养核心素养的课程标准变得空洞。基于"理性发声"主题的单元整体教学设计,展现了大单元教学的核心理念。大单元教学的初衷是聚焦于核心素养,提升学生的思辨能力,确保教学真正以学生为中心。大单元教学是指从整体角度出发,以单篇教学为基础,以结构化的任务、项目、问题为牵引,整合单元文本资源以及相关知识资源,通过知识链接拓展学习深度和广度的教学模式。(薛周欢,2024)大单元教学,以国家教材的自然单元为基本出发点,通过确定一个大主题或者大概念,将不同的教学内容贯通起来,进行整体教学设计,其目的是训练和扩展学生的思维深度与广度,这不仅有助于学生的终身发展,而且对国家的长远发展也具有重要意义。

第二部分

文本研读

⑧ 文本鉴赏

《沁园春·长沙》中的"崇高美"

2 500 多年前，伟大思想家孔子在欣赏《韶》乐时不禁感叹："尽美矣，又尽善也。"这是说真正的美不仅在于能给人以感官上的愉悦，更在于能让人领会到仁德的崇高力量。200 多年前，德国哲学家康德也提出了相近的命题：美是道德的象征。换言之，崇高的，一定是美的。（关铭闻，2021）

我们阅读《沁园春·长沙》时，内心总有一团火被点燃，以燎原之势蔓延成强大的精神力量，激励自己思考人生，展望未来，奋发有为。"面对'万类霜天竞自由'的壮丽秋景，毛泽东填写了这首词，抒发昂扬向上的青春激情，表达雄视天下的凌云壮志"。这是"学习提示"的一段话。确实，毛泽东临秋抒怀，融情于景，情理融合，尽显伟人以天下为己任的豪迈胸怀，彰显了一种震撼人心的崇高之美。从美学角度来说，这首词作具有一般词作没有的"仁德的崇高力量"，或称之为"崇高美"，一般词作的美学特征或"凄美"或"柔美"或"壮美"，而这首词作所体现的情怀与格局不同于常，在那个呼唤英雄、缔造英雄的时代，毛泽东恰逢其时，以君临天下之势，表现出了彰显时代特质的"崇高美"。

《沁园春·长沙》中的"崇高美"具有多元化特征，具体表现在三个方面。

一是景物中的"崇高美"。

毛泽东眼中的湘江秋景由这些景物构成：山、林、江、舸、鹰、鱼、长空。这些景物具有三个特征：平凡、丰富、典型。山、林等都是我们的身边之物，俗常易见，我们随着毛泽东的视线放眼望去，看到这些景物时，心情或许很平静，没有波澜，因为这些景物司空见惯，不足为奇。而这些景物在毛泽东的眼里、心中、笔下，却显得生命力如此旺盛，如此不同凡响。用"万"极言山之多，尽显毛泽东写这首词时抑制不住的激动心情，可谓"壮怀激烈"。众所周知，橘子洲头的北边是岳麓山，岳麓山绵延不断，但说成"万山"，是极尽夸张之能事，是典型的艺术创造，带有强烈的浪漫情怀。层林"红遍""尽染"，湘江"碧透"，这些诗句打破了通常事理,"红遍"不可能,"尽染"不可能,"碧透"不可能,貌似"无理"的词句却是尽显无法言说的妙趣,令人涵泳不尽。我们可能会说,这不就是夸张手法的使用吗?的确,修辞上是夸张,但是意蕴上,却是无理而妙所产生的无穷意趣。细咂慢品间,就有了一种非凡的力量,从心底慢慢生成,从而升华为一种激情、一种崇高。

二是意境中的"崇高美"。

王国维说:"词以境界为最上,有境界则自成高格,自有名句。"何谓意境?王国维认为,境界乃是"呈于吾心而见于外物"的产物。意境主要包括意象与境界。"意象"为何?《辞海》这样解释:"中国古代文论术语,指主观情意和外在物象相融合的心象。"由此可见,"意象"的"意"是"情意""情思";"象"即"物象"。"意象",就是将情思寄托于物象,也就是诗歌中的"借景抒情"或"托物言志"。王国维说:"境非独谓景物也。喜怒哀乐,亦人心中之一境界。故能写真景物、真感情者,谓之有境界。否则谓之无境界。"王国维进一步对境界进行了界定:"写真景物,真感情,谓之有境界。"可见,有"境界"的前提是"真情实感"。有人会问,艺术创造或多或少有艺术加工的成分,"真景物真感情"是不是也会被夸大而失真?这点大可不必纠结。艺术作品的"真",是一种创作态度的体现,而非客观呈现,而且境界从表现方法上讲,有"写景"与"造景"之分。基于"艺术"与"现实"的本质特征,我们区别对待在前,就能灵活处理,准确判断。

王国维还有"有我之境""无我之境"之说。《沁园春·长沙》一词上阕的景物描写属于"有我之境"。毛泽东一改"自古逢秋悲寂寥"的传统写法和凡人心态,以"竞自由"的思想追求,赋予眼前景物鲜明的主观色彩,凸显了强烈的主体意识,表现出一种蓬勃向上无比强大的生命力。毛泽东写这首词时的主观情思是"万类霜天竞自由"。这一句作为上阕景物描写的收笔,彰显了毛泽东内心无比坚定的信念追求。毛泽东托物抒情,将内心汹涌澎湃的壮志投射到眼前的秋景之上,这些附着着毛泽东主观意志的壮丽秋景,就成了"这一个","这一个"寄托了毛泽东崇高的"仁德",彰显了一种力透纸背、震撼人心的崇高之美。

三是人格中的"崇高美"。

毛泽东在《沁园春·长沙》中,写了自己两次畅游橘子洲的情景:少年时,风华正茂,挥斥方遒,指点江山,激扬文字,粪土当年万户侯;现在,面对壮丽秋景、苍茫大地,主宰世间沉浮。"提及少年一词,应与平庸相斥。"这是少年毛泽东的最好写照。"孩儿立志出乡关,学不成名誓不还。"十七岁的毛泽东外出求学时便把壮志深埋心底,与之终生相伴,成为人生路上高耸的灯塔,扫除黑暗,驱除阴霾。少年毛泽东眼界之高远,格局之宏大,已显伟人之气象;这种主宰天下的伟人胸怀绝非一时铸就,而是一个茁壮成长、生生不息的过程。"雄关漫道真如铁,而今迈步从头越。"毛泽东用根植自己内心深处的宏大志向引领自己、激励自己、鞭策自己,在每一个时代的重要节点,都会做出顾全大局、一心为民的人生重大决定。

写于1925年的《沁园春·长沙》,"主沉浮"的呐喊、"遏飞舟"的气势,让我们看到经过社会历练、头脑清醒无比的毛泽东,正握紧拳头,以摧枯拉朽之势一步一步实现着自己成熟而坚定的革命理想。时势造英雄,但是英雄更要驾驭时势,毛泽东在动荡不安、风云巨变的时代洪流中,以天下为己任,用自己崇高的人格,铸就了那个时代最震撼人心的壮美风景。

达尔文说,人类在道德文化方面最高级的阶段,就是当我们认识到应当用理智控制思想时。毛泽东明知前途未卜危机四伏但高瞻远瞩不屈不挠的革命情怀,正是基于以天下为己任的理智考量,在这份厚重的思考中彰显了一份更加厚重的道德情操。这份理智与情感的交融,展示了一个人精神世界的立体和丰满。阅读时,二次创作的前提是作品能够激发共鸣,从而与作品进行对话,与自己进行对话,在思索中走向情感的升华和认知的拓展。

美学大师李泽厚说:"我把自然界本身的规律叫作真,把人类实践主体的根本性质看成善。"青年毛泽东将天下尽收眼底,躬身入局,家国概念日益具象化,体现出一种至真至善至美的"崇高之美"。以"崇高美"为切入点,对《沁园春·长沙》进行美的鉴赏,进行人格的赏读,对诗歌内容和毛泽东的情感态度,进行一次深入的学习、思考、鉴赏,认识"美"的至高点"崇高美"的内涵和价值,丰富"美"的认知,感知"美"的魅力。博克在他的著作《关于崇高与美的观念的哲学探讨》中说过这样一句话:"崇高来源于心灵所能感知到的最强烈情感。"不论是毛泽东面对湘江秋景,还是我们品读鉴赏毛泽东的诗词,都能深刻感受到一种最为强烈的情感。时空没有隔阂,毛泽东的诗词跨越了百年时光,传递着情感,激发着思想,激励着后人继承和发扬红色传统,接过民族复兴的火炬,代代相传。这正是诗词的力量所在,因其"崇高美"而得以永存。

⑨ 文本探究
《红烛》中"蜡烛精神"到底是什么意思?

写在前面:闻一多的"三美"(音乐美、建筑美、绘画美)主张,对现代诗的健康发展做出了特有的贡献。他的《红烛》入选高中语文必修上第一单元,是一首序诗,是诗集《红烛》的序,既符合"三美"理论,又在中国传统文化的体现上有独特之处。

闻一多的诗歌《红烛》,引子(题记)是李商隐《无题》中的"蜡炬成灰泪始干"。《无题》享誉古今,"春蚕到死丝方尽,蜡炬成灰泪始干"更是千古绝唱。闻一多将"蜡炬成灰泪始干"作为《红烛》的引子,既守正,精神内核不变;又创新,赋予崭新内涵。很多读者认为,闻一多借这句诗来表达《红烛》的主题,这种观点值得商榷。

《无题》主题丰富,主要集中在相思离别和政治失意上。

《红烛》主题集中,表达的是坚贞不渝的爱国情怀和献身精神。

可见,《无题》和《红烛》的主题截然不同。

为什么闻一多写《红烛》,引子却用"蜡炬成灰泪始干"?

要回答这一问题,须厘清"意象"这一表现手法及其文学功能。

李商隐的"蜡炬成灰泪始干"中的"蜡烛"这一意象,外在特点是"成灰流泪",李商隐借此表达相思成灾、至死方休的爱情观。主观感受融入客观物象,意象的作用充分发挥出来。这种巧妙构思效果极好,既有具体的生活,又有抽象的情谊,通过意象所呈现出的画面,能够引发读者物我合一的思考,可谓妙极。

闻一多《红烛》中的"蜡烛",从物理特征上来说,与李商隐《无题》中的"蜡烛"是同一事物,不过,《红烛》中的"蜡烛",颜色是红色的,李诗中的蜡烛,从悲情角度来说,白色似乎更合理。

闻诗用李诗"蜡炬成灰泪始干"作为引子,笔者认为,原因主要有以下几点。

一是文脉相承。

一个国家、一个民族之所以经历忧患而经久不衰,首先取决于文化传承延续过程中所彰显的强大生命力。文脉相承则家国绵延。中国人提到梅兰竹菊,都能心领神会其意所指,这是文化的力量。闻一多写《红烛》,将"蜡炬成灰泪始干"作为引子,通过古典意象给读者非常明确的提示:这首诗的内容、情感、主题与中国传统文化的"蜡烛精神"相关。

二是旧意翻新。

《红烛》一诗共九节,四层。

第一节是第一层。诗人羡慕红烛之"红","红烛啊!这样红的烛!"诗人歌颂"红烛"之"红",是为了跟自己的"红心"比一比,结果甘拜下风。诗人以歌咏的形式表达了自己的歆羡仰慕和自愧不如。

第一层,可谓起笔宏阔,勾勒了一个大写的诗人。这一节中"蜡烛"虽是写作重点,但与李商隐诗句的内涵并无关联。

第二、三、四节是第二层。第二层出现了"烧蜡成灰"这一内容,字面上与李诗建立了联系。同一意象在两首诗中意蕴是否相同?

闻一多第一次发出了灵魂拷问:"红烛啊!是谁制的蜡——给你躯体?是谁点的火——点着灵魂?为何更须烧蜡成灰,然后才放出光?"闻一多接连抛出了三个疑问,可见其内心困惑之深和寻求答案之急切。这三个问题呈现了一种严谨的逻辑关系,"红烛"作为意象的功能开始显现,此时的"红烛"已然是闻一多另一个"本我",是闻一多在拷问自己,表现内心的"矛盾冲突"。"身体发肤,受之父母,不敢毁伤,孝之始也。"自古以来,中国人讲究忠孝。《孝经》告诉我们"孝之始"是"不毁伤身体发肤",深受中国传统文化影响的闻一多自然明白尽孝之理。但是，闻一多深受新思潮和忠义这一传统文化的双重影响，所以，在时代巨变面前，闻一多在忠义和孝道面前产生了剧烈的思想冲突。思想斗争的结果是大我战胜了小我，闻一多内心深处折射出的人性光芒照亮了他前方的道路，他认为"烧出你的光来"是自然之法则，"大我"必然超越"小我"，在剧烈的思想斗争中，思想更加坚定，从而呐喊出了响彻云霄的心声："烧吧！烧吧！烧破世人的梦，烧沸世人的血——也救出他们的灵魂，也捣破他们的监狱！"这声声呐喊中，写满了闻一多顶天立地的思想品格：燃烧自己，拯救世人，拯救社会。

第五、六、七节是第三层。第三层出现了"泪流"这一内容，并解释了"泪流"的原因——"是残风来侵你的光芒，你烧得不稳时，才着急得流泪"。诗句中的意蕴形成鲜明对比：一是外来力量之强大，一是自我力量之弱小。"残风"作为意象不能简单地从字面理解，它实际上是指当时强大的帝国主义与封建主义的邪恶势力，闻一多之所以这样说，是出于对敌人的蔑视和大无畏精神。但是闻一多深知，这股强大的力量摧残着风中之烛，自己的一腔热血一旦被邪恶势力摧毁，自己的爱国情怀就毁坏殆尽。闻一多通过"泪流"深刻地表达出意志坚定的过程之艰难和报效祖国的心理之急切。

闻一多第二次对自己的思想追求进行了审视，更加坚定了为国献身的理想信念。"请将你的脂膏，不息地流向人间，培出慰藉的花儿，结成快乐的果子！"这是多么清醒的认识！创造光明带来快乐，哪有不付出代价一说！此时闻一多的内心伟岸如山，坚定如磐。

通过对意象的分析，我们发现："成灰"与"流泪"两者的内涵与关系，李诗与闻诗的确不同：李诗是顺承关系，"成灰"之后，"泪"才干涸，旨在表达相思之苦；而闻诗是并列关系，都是"创造光明"的"因"。

经过两次思想的斗争与成长，我们真正厘清了闻一多思想流变的过程，深刻认识到了闻一多是如何让自己的内心保持如同"红烛"之"红"的，当诗歌走向第四层，也就是结尾的第八、九节，经过思想洗礼的闻一多，终于明白"灰心流泪你的果，创造光明你的因"，所以，发出了劝告与鼓励。"红烛啊！莫问收获，但问耕耘"如同一声惊雷，炸响在我们耳畔，此时的闻一多，是多么平静温和，决绝坚毅，他知道，光明之果不会轻易到来，在这个布满荆棘的道路上艰难跋涉，势必是自己唯一的选择。诗歌的主题在结尾处得到升华：创造光明，我之重任；不计得失，为国献身。

现代意义的"蜡烛精神"到底是什么时候出现的呢？回答了这个问题，才能真正判断李诗《无题》中的"蜡炬成灰泪始干"到底是什么意思。"蜡烛精神"最早来自李诗的《无题》，有了李商隐的《无题》之后，才有了"蜡烛精神"。不过，李商隐创作《无题》时，并没有赋予蜡烛以奉献精神，"奉献精神"是后人结合李诗"春蚕到死丝方尽，蜡炬成灰泪始干"，慢慢演绎而来。

如此看来，闻一多以李诗的"蜡炬成灰泪始干"作为《红烛》的引子，的确取用了"蜡烛精神"，但通过分析，我们可以确定《红烛》中"成灰流泪"的意蕴与李商隐《无题》中的意蕴的确不同。"大约诗人在他的构思里，先用哲理来透视自己的主题，然后设法使它见诸形象。"（艾岩，1990）闻一多构思《红烛》时，主题意蕴确定好之后，如何表达则要反复思考，最终确定合适的写法。这是写作的惯例。也正基于此，《红烛》的"蜡烛精神"才有了独特性。学习《红烛》这首诗，不仅跟着闻一多学习了如何写诗，更明白了一个道理，我们在阅读文学作品时，不能单凭经验主义阅读，要结合具体的语境（文本语境、写作背景等）进行阅读理解，这样，才能真正把握文章传递给我们的"心语"。

10 文本探究

《峨日朵雪峰之侧》的理性之美

读完《峨日朵雪峰之侧》（以下简称《雪峰》），我们会产生两个疑问：诗人（或抒情主人公）为什么要攀到峰顶？诗人知道自己攀不到峰顶时，是如何说服自己的？

这两个问题，现实意义很强。

先看第一个问题：诗人（或抒情主人公）为什么要攀到峰顶？

诗歌给了我们答案，直截了当：

"啊,真渴望有一只雄鹰或者雪豹与我为伍。"

《雪峰》整首诗中直抒胸臆的诗句只有这一句,体现了"诗缘情"的基本功能。"啊"这一感叹词在诗歌中只出现了一次,这与《立在地球边上放号》《红烛》中"啊"多次出现不同,体现了诗歌创作的独特性,也是分析探究诗人创作这首诗的一个重要切入点。从整首诗的角度来看,"啊"虽然形单影只降低了存在感,抒情性被削弱,但其意蕴丰富,不容忽视。前文的重点是"仅能征服的高度",诗人情绪低落,意志受挫,"啊"字随后出现,既有对"仅能征服的高度"这一事实表现出的沮丧失落,更有对既定目标的热切渴望和不懈追求。"真渴望"是诗人直抒胸臆,说明诗人内心的热切渴望,坚定执着,我们借此能够想象出诗人为了攀至峰顶所付出的艰辛努力,想象画面中的情景远比前两句"我的指关节铆钉一样揳入巨石的罅隙,血滴,从撕裂的千层掌鞋底渗出"来得惨烈。即便如此,诗人仍然热烈地渴望成为"雄鹰"或者"雪豹",雄鹰是飞禽之王,雪豹是雪山霸主,它们都代表对雪山的征服和蔑视。这句诗体现了诗人胸怀壮志、锐意进取的人生观,有一种唯我独尊的霸气和山高我为峰的豪气,这是当时社会的主旋律,也是今天社会的价值追求。"知其不可为而为之"的儒家思想在此处得到了完美体现。

这句诗出现的位置,很独特,很有趣。

它出现在整首诗的中后部分。之前是"仅能征服的高度"的相关描写,之后是"蜘蛛"的出现,也就是说,整首诗中,情感最强烈的这一句,实际上最主要的作用是衔接过渡,用"情感强烈到缺少理智判断"的诗句,给读者以强烈的震撼,然后,笔锋一转,引出诗歌最重要的意象"小得可怜"却"默享着这大自然赐予的快慰"的"蜘蛛",这种对比鲜明的写法,凸显了后者,把"蜘蛛"的重要性表现了出来,这种写法能够激发读者强烈的思维碰撞;行文节奏从明快走向舒缓,行文内容从感性走向理性,读者在阅读过程中逐渐走向深刻的人生思考。

再看第二个问题:诗人知道自己攀不到峰顶时,是如何说服自己的?

这个问题的答案是诗歌的高光。诗歌一味抒情,容易矫情失真,走向虚无,例如李白的《梦游天姥吟留别》,虽然情感炽热强烈,但李白借梦境写登山过程,从情理上来说,容易自洽;姚鼐在《登泰山记》中写到大雪天登至日观峰,看似艰难,但前人已经铺平了登山之路,所以,姚鼐对登山过程的描写简洁明快,而且志不在此。《雪峰》不同,诗人攀登的是青海省海北藏族自治州内的"峨日朵雪峰"。此处地处高原,山峰连绵,地广人稀,攀登雪峰的艰难程度可想而知,只有一腔豪情,绝对不可能登顶。诗人攀登过程中遭遇的各种惊险所带来的思考,逐渐取代了内心炽热的感性之火,走向清醒的理性认识,提笔写这首诗时,思维猛烈交锋,真实的体验超越了空想的冲动,在笔尖汇聚和流淌的是沉淀下来的思想。

这首诗,第一句紧扣题目,"高度"照应"雪峰之侧",但"高度"一词明显流露出诗人对仅能攀登的高度的心不甘,继续登峰的心不死。诗人心中还有一个"高度",即峰顶。两个"高度"形成的落差在诗人心中形成了冲击波,令诗人陷入了情感的旋涡,内心充满了矛盾。但是诗人知道自己的确无力继续攀登了,因此,第一句用了"此刻""仅""征服""了"四个词语来说服自己。

"此刻"的内涵有两个:一是,此刻已尽力;二是,此刻的高度不代表以后的高度。如此看来,诗人心有不甘,但又踌躇满志,理性之光开始照耀。"仅"这一副词,说明诗人经过激烈的思想斗争,在充满理想的浪漫主义与认清自我的现实主义的思想碰撞中,走向了理性思考,"仅"寄寓两层意思,既有不甘现状,又有自我认可。"征服"一词,体现了诗人的豪迈之气。不仅征服了雪山,还征服了自我。此次攀登,最大的收获不在于攀登了多高,而在于自己的人生极限突破了多少。我们对客观世界的任何一次征服,实际上都是自己能力的突破、极限的挑战。诗人用"征服"一词,是对自我攀登的充分肯定。"了"是完成时态,代表了诗人思考权衡之后的最终抉择。

这一句总起后,用冒号,引出下文的具体描写。

诗人用三幅鲜活生动的画面,为自己的攀登做了通俗易懂的描述。

第一幅画面:夕阳落山图。这是诗人凝视的对象,用"惊异"形容目之所及产生的情绪。诗人用"彷徨许久""决然"形容夕阳,将夕阳落山的景象写出了故事,突出了自我纠缠之后的选择。这是"有我之境",景物描写带着鲜明的主观色彩,诗人的情感直接覆盖到夕阳上,形成了一种强势,这样就凸显出诗人内心情感的真实性。

第二幅画面:石砾滚落图。这是诗人谛听的结果,而且产生了丰富的联想,石砾滑落的嚣鸣声让诗人联想到军旅远去的喊杀声。这是诗人内心挣扎的声音,两个自我的冲突最终的结果是内心的喧嚣之声归于平静,即使自己如何与雪山博弈,此时此刻,都要归于理性,停止战斗。

第三幅画面:身体受伤图。手指如同铆钉揳入石壁,还可一搏;但是即使登山鞋的鞋底是"千层掌",也已撕裂,而受伤的脚掌正渗出"血滴",染红岩石。剧烈的疼痛感清醒地告诉诗人,此时身体根本不允许继续攀爬。伤痛、苦难是最好的人生导师,伤痛刺激身体,苦难提醒人生。当理性回归,眼明心亮时,我们的人生之舵,稳稳地掌握在自己手中。

这三幅画面的构造,彰显了诗人的创作功力。鲜明生动的画面营造出真实的情境,容易打破理解的壁垒,建立作者、文本与读者的沟通桥梁。走近文本的同时,读者与作者同频共振,从创作角度思考文本要表达的思想。

我们通过三幅画面的分析,逐渐明确了第二个问题的答案,诗人不是理想主义者,是追求理想的现实主义者,诗人看到、听到、感觉到了现状的残酷,明白自己不可能冒着生命危险去登峰,所以,将理想收藏,将视野收回,将雄心撤销。当雄鹰和雪豹远离时,诗人知道自己此刻虽然留有遗憾,渺小平凡,但同样是人生的胜利者,因为战胜了自己。

诗歌的最后,定格在一幅画面上。一只蜘蛛近在眼前,作者与蜘蛛平视的那一刻,顿悟了人生的真谛:小得可怜又怎样,不同样可以享受人生的快慰!雄鹰有它的蓝天,雪豹有它的雪原,蜘蛛也有自己的高度。诗人透过蜘蛛终于明白了人生的真谛:与雄鹰与雪豹为伍是错误的选择,做一只渺小坚韧的蜘蛛,才是人生应有的态度。

艺术鉴赏的对象,在最终的意义上来说,就是客体化了的主体自身。(魏不一,1990)《雪峰》中的"我",以"蜘蛛"为自我化身;读者以诗歌中的"我"为化身,形成"蜘蛛→我→读者"这一链式结构,从而达成文本主题由内到外的电波式传递,形成一种真实的"假象",登山的不是"我",而是读者本人,读者在人生之峰上勇敢攀爬,身临其境的体验促使读者达到思想认知的最佳境界。

这首小诗意象丰富,画面生动,内涵深刻,情理兼备,揭示了诗人认知过程中感情与理智的互动关系,体现了诗人的情感思维。情感思维是指在认知过程中加工和处理传入信息的同时运用情感来统合信息并做出综合决定的过程。(孙世建,2025)诗人融情于景,事理结合,尤其是不动声色阐释道理的方式,值得学习探究,对思维进阶很有帮助。

爱默生说,感情虽然难以控制,却是一种强大的动力。这是以抒情为主的诗歌永流传的原因。作为情感动物的人类,阅读诗歌,是一种心灵的滋养,是一种情感的陶冶,是一种文化的传承。以情促情,蔓延出文化的共鸣;以情融理,滋生出智慧的结晶。如《雪峰》,能够了无痕迹地表达理趣,赋予诗歌永恒的思想价值,不同时代的人在阅读这首诗时,都能从中感受到人生至理,对自己的人生方向适时思考和调整,实现精神的自我救赎,这首诗的价值就"代代无穷已"了。

11 文本探究

谈谈《百合花》中"死封建""同志弟"蕴含的情感美学

《百合花》一文有这样两处笔墨:一是通讯员说的,"女同志,你去借吧!……老百姓死封建";一处是新媳妇说的,"那位同志弟到哪里去了"。这两句话中"死封建"和"同志弟"的叫法耐人寻味。

我们顺着作者茹志鹃的写作思路,品一品这两处措辞的情感美学。

先看"死封建"蕴含的情感美学。

"死封建"一词,是偏正短语,"死"修饰"封建"。

"封建"一词,体现的是通讯员的认知水平,是对新媳妇的客观评价。

小说将时代背景设定在 1946 年解放战争时期,当时封建思想余威尚盛。通讯员和新媳妇都是农民出身,农村环境中的封建思想无处不在,两人深受影响。小说写"我"与"通讯员"去包扎所的路上,通讯员不论是走在路上还是坐下休息,都与"我"保持着"丈把远"的距离,甚至"背向着我,好像没有我这个人似的",当"我"问他"你还没娶媳妇吧?"时,通讯员"飞红了脸,更加忸怩起来",半晌不语。从这些细节可以看出,只有 19 岁的通讯员,深受"男女授受不亲"的影响,思想封建守旧。

所以,当通讯员脱口说出新媳妇"死封建"时,既是对新媳妇的评价,也是自己认知水平的直接体现。

"封建"前加上"死",有了修饰和限定,态度转向了感性,客观转向了主观,情感内涵丰富起来。

后文写包扎所工作人员少,动员农村妇女来帮忙,新媳妇就来了,来了之后第一件事就是找通讯员,并且说"刚才借被子,他可受我的气了"。这一细节说明,通讯员从新媳妇那儿借被子时,新媳妇难为了通讯员。难为的原因是什么呢?结合文本推测,可能是以下两点原因。

一是通讯员的原因。通讯员寡言少语,不善言辞,思想封建守旧。当通讯员单独向新媳妇借被子时,"保持着丈把远的距离",说话"讷讷半晌",红着脸,在这种情况下,新媳妇就有了"一肚子的笑料",笑而不语或者干脆拒绝。

二是新媳妇的原因。新媳妇"刚过门三天",被子是唯一的嫁妆,被面上"撒满白色百合花","白色百合花"象征爱情的纯洁。不过,新媳妇的思想不论从性别因素还是社会环境上来说,都更加封建守旧,因此,新媳妇在面对通讯员借被子时,看着他的窘态,想到自己的实际情况,坚决不借给他,是符合情理的,但是,因为不借,通讯员和新媳妇有了刹那的隔阂,通讯员有了情绪。

那这个"死"字,到底是对新媳妇的不满,还是一种单纯的情绪发泄?

不满之情肯定是有的,毕竟通讯员已投身革命,他的思想进步得多。但是,我们又不能简单武断地认为通讯员只有不满之情。小说塑造的通讯员青春阳光、热爱生活、善解人意,同时果断勇敢、临危不惧、勇于献身,将美好的青春献给了革命事业,是作者基于苦难的时代虚构出来的革命精神的化身。这样一位具有崇高情操的革命战士,怎么可能随便给老百姓定性"死封建"呢?所以,这个"死",除了不满抱怨,更体现了通讯员的单纯可爱、青涩懵懂。"女同志,你去借吧!……老百姓死封建。"当通讯员向"我"说这句话时,有不满,有羞涩,有忸怩,还有一点使小性子,我们可以脑补一下他说这话时的神情和动作,我们会越发喜爱这个小小通讯员,他青涩单纯,封建思想和进步思想交织在一起,这些思想对他而言,会让他无意中说出一些惊人之语,但是细究一下,又非常符合他的性格特点。试想,如果通讯员轻而易举就借到了被子,反倒不符合封建社会的人物特点了。

"死封建"一词,让我们窥见了通讯员可爱纯真的形象特点,与后文通讯员背的枪筒里多了一枝野菊花遥相呼应,赋予了通讯员一种真实的青春美和人性美,情感美学由此而递进,动人心扉。

再看"同志弟"蕴含的情感美学。

"同志弟"一词,是偏正短语还是并列短语? 笔者更喜欢将之理解为递进短语:既是同志,更是弟弟。

"同志"一词,体现了新媳妇对通讯员的尊敬,说明新媳妇的思想也有了进步,对改造封建社会有热切的期盼。 由点及面,反映了当时所有的劳苦大众的思想状态,带有普适性。

小说中的战争无比惨烈,通过通讯员的牺牲可以看出惨烈程度。 但是小说进行了诗化表达,作者有意摒除了炮火连天,血肉横飞,但是摒除不代表没有发生,作者写了"眼睛熬得通红"的乡干部,写了物资的匮乏,写了战士的伤亡,在这些克制的笔墨中,我们读者仍然能够真切地感受到战争的残酷与可怕。

"同志"这一称呼,彰显着老百姓对战士的由衷爱戴,是军民鱼水情的情感纽带。

"同志"后面加上"弟",由感激转向深情,由爱戴升华为爱护,情感内涵丰富起来。

新媳妇为什么叫通讯员"弟"呢? 两人素昧平生,还存有误解,怎么新媳妇见了外人直截了当地问"那位同志弟到哪里去了",而不是问"那位同志哪里去了"。

众所周知,"弟"是用在亲人之间的一个词语,或者一个称呼。带有血缘关系,彼此以兄弟姐妹相称;不带有血缘关系,也以兄弟姐妹相称,则说明关系已经超越了普通朋友。小说中,新媳妇直接称呼"同志弟",可见,在新媳妇心中,已经默认通讯员是自己的弟弟,内心对同志的敬意已经转变为对亲人的关爱呵护。虽然前文两人只有两次接触,一次不欢而散,一次互生歉意并有了关系的缓和和情感的拉近,尤其是通讯员在新媳妇面前表现得生涩、害羞、慌张,而且还撕破了衣服,这些都令新媳妇打内心对这位只有19岁的通讯员产生了怜惜之情,从后文新媳妇给阵亡的通讯员"庄严而虔诚地拭着身子""细细地、密密地缝着那个破洞""劈手夺过被子,自己动手把半条被子平展展地铺在棺材底,半条盖在他身上"这些细节可以看出,新媳妇对通讯员的爱是真挚的、纯洁的、发自内心的。小说通过几处高度凝练的情节,把新媳妇塑造得有血有肉,亲切感人。人是不能脱离一定的时代、社会和一定的社会阶级关系而存在的;离开了这些,就没有所谓"人",没有人的性格。我们从每一个具体的人身上,都可以看到时代、社会和阶级的烙印。(段崇轩,2023)置于时代背景之下塑造人物,人物身上就带上了深深的时代印痕,这个人物不仅立体鲜活,而且有说服力。新媳妇便是成功的案例。

茹志鹃在《漫谈我的创作经历》中写道,新媳妇第一次没有借被子,第二次借了,心想"少不得又要累他受委屈""感到自己捉弄了人",所以新媳妇"咬着牙"笑,她是真觉得好笑,她"笑这位同志弟倒霉",内心却对通讯员更加亲近,按照这个思路发展下去,才有了后来的擦拭、缝衣服、盖被子等细节,"表现了他对子弟兵的真认识、真水平、真感情",此时文章的主题得到了升华:"一位刚刚开始生活的青年,当他献出一切的时候,他也得到了一切。"(茹志鹃,1983)

"同志弟"这一称呼,已经超越了军民鱼水情,升华为亲人之爱、恋人之爱,这是一份"洁白无瑕的爱",情感美学由此而生发,动人心扉。

《百合花》在茹志鹃的创作生涯中,属于那种绝无仅有的"逸品"。(吴辰,2018)吴辰副教授在评价《百合花》时,使用了中国古代美学用语"逸品"一词。古人将中国绘画作品分为四个等级:能品、妙品、神品、逸品。能品、妙品、神品皆可作为范本用以临摹学习,而唯有逸品是无法被人模仿的,因为其技艺或艺术境界达到了超众脱俗的品第。

通过深入赏析这两处蕴含情感美学的细节,我们可以看出《百合花》文学造诣之高。茹志鹃凭借精湛的文学技巧和细腻的笔法,塑造了小说诗意浪漫的风格和人物性格的深刻魅力。茹志鹃精于雕琢细节，文中诸多小细节看似随意，实则匠心独具。细腻的构思与生动的笔触宛如涓涓细流，孕育出一个令人怦然心动、深邃无垠的美学世界，承载着作者的情感倾向，传递着美学的无限魅力。

(12) 文本细读

跟着《以工匠精神雕琢时代品质》学写作

《以工匠精神雕琢时代品质》作为《人民日报》的一篇新闻评论，文字质量、说理方式、内容深度、结构思路，可圈可点，是议论文写作的典范。写作的起点是模仿，通过研读此文获得积极有效的阅读体验，形成成熟合理的写作认知，意义非同一般。那么，教师借助本文如何指导学生写出优秀的议论文？要回答这个问题，前提是把本文的特点研究明白。

一是题目特点。

题目中的"雕琢"一词，在《现代汉语词典》中有两个意思：一是雕刻（玉石），二是过分地修饰（文字）。从释义来看，题目似乎讲不通，"时代品质"既不是玉石，也不是文字，"雕琢时代品质"，从语法上说搭配存在问题；但是，"以工匠精神雕琢时代品质"是个好题目毋庸置疑，这是为什么呢？功劳就在"雕琢"一词上，因为此处用了"移就"这种修辞格。移就，指有意识地把描写甲事物的词语移用来描写乙事物。如"苍白的日子""粉红色的回忆""蓄满阳光"，这种修辞手法在诗歌散文中常用，读来感觉用词不当，这种"不恰当"却创造出了别样的韵味和意境，产生了全新的艺术表现力和强烈的感染力，令人咂摸回味、怦然心动。

议论文是高中生的最爱，出于考场作文的特殊性，学生寻求一条写作捷径无可厚非。但是，题目的拟写似乎进入了一条死胡同，很多学生喜欢用对联式题目，即两个句子，对应着写，结构工整有文采，从得分的角度来说，似乎是最佳选择。实则不然，题目是文章的"头脸"，从"第一印象"这个角度来说，这个"头脸"的重要性无须赘言。大文豪同样高度重视文章题目，如莫言的《透明的红萝卜》《生死疲惫》等作品的题目,是经过深思熟虑加工提炼而来的,都有一种独特的艺术特质,视觉冲击力非常强烈,夺人眼球。所以,学生写作,拟个好题目至关重要。除了对联式题目,首选的就是"以工匠精神雕琢时代品质"这种题目的拟写方式,用修辞提升题目的生动性、新颖度,甚至陌生化,出彩的题目换来的是作文整体质量的提升。当读者眼前一亮、心灵一震时,这篇文章至少成功了一半。

二是思路特点。

第一段先点明时代特征:更加注重精细品质和独特体验。这是时代发展的产物,也是当今时代所需。点明时代特征,旨在引发读者共鸣,作者与读者的情感纽带一旦建立,读者阅读的欲望就会被激发出来。因此,开篇简洁明了地勾勒时代特点非常重要,脱离时代自说自话 是议论文写作之大忌。

接着引用一位企业家的感慨:"我是真的希望工匠精神可以变成我的墓志铭。"这句话具有两个特征,一是口语化,二是深刻性。既然是引用企业家的肺腑之言,无须加工美化,越是口语化,越真实自然,越有说服力。"墓志铭"一词,用得严肃活泼,体现了企业家的毕生追求,体现了"工匠精神"的重要性,能够引发读者的深度思考,因为产品质量直接反映企业品质,工匠精神是企业立身之本。然后,作者进行了简短议论,点明企业的高质量发展,离不开工匠精神。

第一段入题,由时代特点、企业家感慨、作者观点构成,有理有据,极富时代气息。没有华丽的辞藻、生动的修辞,仅就一篇论述类文本,"凤头"的特征已经具备,一篇好文章的气象已经形成。

第二段先引用《说文》中的内容,对"工"进行解释;接着,点明今天"匠"的时代特征——心思巧妙、技艺精湛、造诣高深。作者以发展的眼光看待问题,体现了思维的思辨性,而思辨性思维是议论文写作最应该体现的思维,代表了思维的深度、灵活性。然后,作者点明了这一段的中心句:"职业与职业没有高低贵贱之分,但人与人却从来都有职业品质、专业精神的差别。"这句话观点鲜明、语气强烈,明确说明工匠精神是一种职业品质、专业精神,存在于各行各业,不可或缺,绝不能因为职业不同而区别对待。这句话具有很强的警示性,能够引发读者深刻思考并反观自我。然后作者直截了当,说明具有工匠精神的企业、国家的特征，并进一步点出工匠精神的内核"将产品当成艺术，将质量视为生命"，以此唤醒人们对工匠精神的正确认识、不懈追求和坚定守护。

第二段立足"匠"和企业，解读了工匠精神的基本内涵，论述生动、深刻、严密，具有很强的启发性和警示意义。

第三段起笔是一个整句"一盏枯灯一刻刀，一柄标尺一把锉"，增强语势，创设情境，激发读者想象力。工匠精神不是无源之水、无根之木，形成工匠精神的源头在于日复一日的练习，这种在他人看来"同世界脱节"的生活，正是缔造工匠精神的唯一途径、不二选择。

顺着第二段工匠精神的基本内涵，第三段进一步论述工匠精神的形成过程，形成论证思维的闭环，然后，指出工匠精神的社会功能——改变世界。鉴于工匠精神具有巨大的社会价值，易于形成盲目崇拜的歪风邪气，所以作者直言不讳，提出坚守工匠精神的正确做法：不要盲目崇拜，不搞离群索居，而是爱岗敬业、质量为上、创新引领。在平凡中坚守不平凡，在合作中铸就高品质。

由此看来，第三段的论述重心是工匠精神的社会内涵。

第四段顺着第三段工匠精神的社会内涵往下延伸，充分体现了行文逻辑的合理走向和深化过程。第三段强调工匠精神的形成过程和价值功能，似乎已经论述完毕，但是，深刻的思想总是能够瞻前顾后，将思维的触角无限延伸，构建逻辑的立体空间，形成思维的深度发展。第四段在第三段论述的基础上，立足"心性"，挖掘工匠精神的另一个内涵分支，即工匠精神的哲学意义。作者从"热爱、追求、境界"三个方面深入论述形成工匠精神的过程中"心性"的重要性。从"炉火纯青"的"技"，到"生命哲学、人生信念"的"道"，作者在论述过程中，构建了工匠精神"格物致知、技近乎道"的内涵框架，形成了从具象到抽象、从工匠到精神的跨越，作者抽丝剥茧，在逻辑的深化过程中，将工匠精神阐释得淋漓尽致。

第二、三、四段，构成一个完整的论述整体，论述中心是工匠精神的内涵，从基本内涵、社会功能、哲学意义三个方面进行了充分深入的论述，给予了读者一个全面充实的认知过程和阅读体验。

第五段是结束段，因为工匠精神基于个人，归属社会，缔造全人类价值，所以作者首先点明个人与时代的关系:"一个时代有一个时代的气质,我们的时代将以怎样的面貌被历史书写,取决于我们每个人的表现。"个人与时代与国家的命运从来都是休戚与共、不可分割的。作者的这句话,指向的是"每个人"对于时代的作用。既然个人如此重要,毋庸置疑,"工匠精神"的重要性自不待言,作者说,往小处说,工匠精神是"安身之本",是"金色名片",往大处说,工匠精神是"生命的尊严所在",是"社会品格",是"国家形象的荣耀写照"。作者从不同角度说明了个人的"工匠精神"的价值旨归,以层层递进的说理方式明确地告诉我们,工匠精神何其重要,从而起到推崇、倡导的作用。

综上所述,文章的论证流程是确立观点、解释概念、提出倡议。论证逻辑条理清晰,核心在于中间三段的递进式论证结构。

三是论证特点。

这篇文章是新闻评论,具有一般议论文的特点。

第一,论证观点鲜明,"以工匠精神雕琢时代品质"这一题目即观点。

第二,论证思路严正,点明观点后,从三个方面采用递进式结构对工匠精神进行阐释,最后结合个人与时代的关系发出倡导,结构工整,思路严谨。

第三,论证方法丰富、恰当,使用举例论证、引证、对比论证、假设论证等论证方法进行翔实深入的论证,尤其是引用的内容均来自现实生活,极富时代气息,有理有据,以理服人。

第四,论证语言严密、生动,如"但人与人却从来都有职业品质、专业精神的差别"一句,作者使用不容辩驳的语气表达自己的观点,将每个人都需要具备工匠精神的观点树立起来。如"我们不必人人成为工匠,却可以人人成为工匠精神的践行者"一句,与上一句遥相呼应,进一步强调工匠精神是所有人的必备品质,作者说理带有强硬的语气,但又不高高在上,而是通过这种强烈的语气,既强调观点,又引发读者共鸣。另外,这篇文章有不少文采斐然的句子,如"一盏孤灯一刻刀,一柄标尺一把锉",通过字词的推敲和画面的营造,达到了良好的表达效果;再如第四段,几乎都是整句,不仅极富文采,而且节奏活泼,语气铿锵,整个段落形成一种文学之美,将说理表现得生动有趣。

将以上四个特点研究明白了,能让学生产生强烈的阅读体验,进而引发如何写好议论文的思考。黑塞在《读书：目的和前提》中有这样一句话："我们先得向杰作表明自己的价值，才会发现杰作的真正价值。"阅读质量的高低，取决于阅读态度。文章需要细读，越是细读越能发现文章的真谛。如《红楼梦》，百科全书级别的世界名著，唯有细读，才能读出其中的一点一滴，抓住本质，百般学问也就慢慢在走心的阅读中，扎根萌芽。《以工匠精神雕琢时代品质》一文共五段，千字文，用心阅读几遍，就能梳理出其中的行文脉络、作者的写作用心。本文阅读的难点在第二、三、四段中，这三段的逻辑关系不好把握，但是，既然是评论性文章，不可能不讲逻辑，所以，细读之下，逻辑关系也就梳理了出来，而这也正是帮助学生写作提升的最佳切入点。

因为考场作文的特殊性，学生喜欢写议论文，但考场作文的特点也可能会局限学生的发挥。既然学生喜欢写议论文，那么老师就有责任帮助学生写好。如何写好，笔者认为，关键是文章的中间部分，也就是通常所说的"猪肚"，就议论文而言，如何将"猪肚"写好，除了内容的选择，关键是结构思路的合理性、深刻性、贯通性。

议论文重在逻辑，逻辑贯通、层层深入，道理就说得透彻、深刻，而现在学生写作文，中间部分习惯性地使用并列式结构，结构一目了然，语言再凝练点、优美点，似乎就成了高分的标配。然而，这种作文可能连基本逻辑都保证不了，还谈什么议论说理？所以，不仅不应提倡，而且必须改正。

论述文的阅读教学，应当把学会说理的过程看作探求真理、真知、真相的训练。（潘庆玉，2016）《以工匠精神雕琢时代品质》一文中间三段的递进式结构，对于学生而言，就是学习议论文写作的最佳选择。从具体到抽象，从企业价值到人生哲学，这种渐进式的说理过程，尊重客观事实，源于思维的深刻和思考的灵活，是对真理的探求和捍卫。教师在日常教学中，要重视论述类文本的说理过程，将其放在文章的分析中，放在课堂的讨论里。当学生在教师不断的教学实践中，慢慢具备了严谨的论证思路，论述类文本的分析和写作就不再是难题，思维的进阶也有了强有力的支撑。

总之，《以工匠精神雕琢时代品质》这篇文章，教师在授课时绝对不能忽略其论证特点，特别是其严密的逻辑推理，应将其作为教学的核心，引导学生深入学习,帮助高一学生全面理解高质量议论文的本质。在掌握论证特点之后,紧接着进行写作练习,将理论应用于实践,为高二和高三的写作能力提升打下坚实基础。写作本质上是一个"情感驱动,不吐不快"的过程,议论文尤其如此。例如,鲁迅的杂文以及当前的时评,都是基于对社会现象的感悟而创作的,反映了对特定问题的深入思考。教师在进行作文教学时,除了要帮助学生掌握写作技巧和方法,更应注重培养学生的写作思维能力,尤其是分析问题的批判性思维。从知识导向转向素养导向,教学难度会有所增加,但教学就像一根橡皮筋,可以拉得很长,蕴含着无限的潜力。新课程标准指导下的教学旨在激发更多的教学可能性,培养创新意识。对于学生而言,当他们的思想从单一走向多元时,写作的冲动就会日益增长,优秀的作品也指日可待。

13 文本探究

《短歌行》中"比兴"等几个重要手法辨析

《短歌行》的"学习提示"中有这么一句话:"运用比兴手法,化用典故或引前人诗句……"因此,《短歌行》的教学活动中,"比兴""用典"是不可忽视的教学重点。

艺术手法是文学类文本的学习重点,由比兴、用典扩展到比喻、起兴,将这几种手法进行比较分析,明确它们的本质区别,形成结构化思维,能够准确分析和灵活应用。

先回答下面这道题。

请分析下列诗句的艺术手法,按要求填空。

1. 青青子衿,悠悠我心。

2. 呦呦鹿鸣,食野之苹。我有嘉宾,鼓瑟吹笙。

3. 明明如月,何时可掇?

4 月明星稀,乌鹊南飞。绕树三匝,何枝可依?

5. 周公吐哺。

A. 使用典故的诗句有(　　)。

B. 使用比喻的诗句有(　　)。

C. 使用比兴的诗句有(　　)。

D. 使用起兴的诗句有(　　)。

(答案见文末)

通过思考上述问题,我们最真切的感受是:要想答对问题,首先要明确并理解相关概念。

比喻。用某些有类似点的事物来比方想要说的某一事物,以便表达得更加生动鲜明。(《现代汉语词典》第7版)比喻的结构一般分为三部分:本体、喻体、比喻词。本体和喻体必须具有相似性。

起兴。"兴者,先言他物而引起所咏之辞也。"(朱熹《诗集传》)

比兴。"比者,以彼物比此物者也。兴者,先言他物而引起所咏之辞也。"(朱熹《诗集传》)"比""兴"连用,则为"比兴"。(补充:《诗经》"六义":风、雅、颂、赋、比、兴。"风、雅、颂"是三种诗歌形式;"赋、比、兴"是三种表现手法。)

用典。引用古籍中的故事或词句,丰富而含蓄地表达有关的内容和思想。有"事典"和"言典"之分。事典,即引用历史故事;言典,即引用或化用前人言辞或诗句。

接下来,我们对《短歌行》中的相关诗句进行具体分析。

1. 青青子衿,悠悠我心。

课下注释为:语出《诗经·郑风·子衿》,原写姑娘思念情人,这里用来比喻渴望得到贤才。

从注释可以看出,此处使用了两种修辞,一是用典(言典),二是比喻。(还有借代,"子衿"代指心上人,注释未涉及。)

《子衿》是一首情诗,描写的是一位姑娘望眼欲穿,等待心上人的到来。诗歌中的"子衿"指心上人,"青青子衿,悠悠我心"写的是姑娘对心上人的热切思念。曹操在《短歌行》中借用此句,表达对贤才的渴求。这样,构成了本体与喻体的关系，从比喻类型上说，属于借喻。

2. 呦呦鹿鸣，食野之苹。我有嘉宾，鼓瑟吹笙。

课下注释：语出《诗经·小雅·鹿鸣》，《鹿鸣》是宴客诗，这里用来表达招纳贤才的热情。

此处使用了用典（言典）的手法。那么有没有比兴呢？没有。"呦呦鹿鸣，食野之苹。我有嘉宾，鼓瑟吹笙"这四句内部使用了起兴而非比兴。"我有嘉宾，鼓瑟吹笙"，写的是宴饮宾客，而前面的"呦呦鹿鸣，食野之苹"，写的是在空旷的原野上，一群麋鹿悠闲从容地咀嚼着野草，不时发出"呦呦"的鸣叫之声，此起彼应，十分和谐悦耳。作者以此起兴，营造了热烈、和谐的氛围，引出下文宴饮宾客的欢快热闹。"我有嘉宾"句中的"嘉宾（此处指人才）"与"食野之苹"句中的"鹿"之间没有明确的相似性，"比"的作用不明显，主要是先言他物（此处指"鹿"），以引起下文所咏之辞（此处指"嘉宾"），因此，此处使用的手法是起兴。

这四句均为引用，用典毫无疑问。但是，就《短歌行》而言，这四句与下文"明明如月，何时可掇？"不是一个逻辑范围内的表意整体，所以，不存在比兴。

3. 明明如月，何时可掇？

课下注释为："掇"，拾取，摘取。一说同"辍"，停止。

课下注释解释了重点字词，并给出了不同版本、不同说法，体现了对历史典籍的尊重和编写者的开放包容。

该句的意思是：当空悬挂的皓月，什么时候才可以摘取？《短歌行》的主题与摘取明月无关，那么此处为何写"明月"与"对摘取明月的期待"呢？立足整首诗，我们知道此处诗人写"明月"实际上是设喻的表现。诗人以"明月"比喻"人才"，以"对摘取明月的期待"表达"对人才的渴慕"，这样诗句中的比喻这一手法就明确了。这一点与"青青子衿，悠悠我心"相同。但是，"青青子衿"句是引用，是用典，借用其意来表情达意；但是此处不是用典，是诗人以目力所见之物抒发情怀，通过可见之"明月"的摘取，引出对"人才"渴慕的表达。这就是"兴"。此诗句"比""兴"兼有，因此，使用了比兴。

4．月明星稀，乌鹊南飞。绕树三匝，何枝可依？

课下注释为："三匝"，三周。"匝"周，圈。

此处使用的手法与第三处的"明明如月，何时可掇"相同。这四句表面写"乌鹊"，实际写"人才"，表面写乌鹊觅枝，不肯栖身，实则是曹操急切心情的表达，曹操希望他所渴慕的人才不要三心二意、迟疑不决，要善于择善而栖，快快投身到曹操这儿来。因此，此四句同样是"比"中有"兴"，"比""兴"连用。

5．周公吐哺。

课下注释："周公吐哺"：《史记•鲁周公世家》记载，周公广纳贤才，正吃饭时，听到门外有士子求见，来不及咽下嘴里的食物，把食物一吐就赶紧去接见。这里借用这个典故，表示自己像周公一样热切殷勤地接待贤才。"吐哺"，吐出嘴里的食物。

注释已经明确说明，此处的手法是用典。

此次关于诗歌手法的探究，看似简单，实则是一个思维激荡的过程。比喻、起兴、比兴、用典，均为初中、高中的学习重点，但是就这首诗而言，在手法的使用上，有独特之处。将《短歌行》中的这四种手法进行透彻深入的分析，对这四种手法的概念、功能形成正确的认知，构建结构化知识体系，是《短歌行》的赏析重点。这四种手法均属于必备知识，对于"必备知识"的学习，需要严谨的治学态度。再者，此次探究基于"分析""评价"高阶思维的培养，如果能够准确进行区分、比较，并且给予强有力的判断，说明我们的思维的确有了高水平的表现。

知识本质上是独立存在的，而教学的首要任务在于传授知识。如果孤立地讲解某个知识点，只能获得对该知识点的理解，所学知识是孤立的、单一的；将几个相关联的知识点整合成一个知识体系，并通过知识群的方式进行"纵横交错"的深入分析，形成知识网络，学生不仅能掌握这些知识点，还能学会分析和比较的方法技巧，从而提升分析判断的能力，在知识的应用上，准确严密。

由此可见，教学是一门艺术，我们教师都拿着打开这扇艺术大门的钥匙。

答案：A（1.2.5） B（1.3.4） C（3.4） D（2）。

⑭ 文本细读

《登高》中的"景""境""镜"

文化基因会促使后人无意识地模仿或者继承,形成一种文化现象或流派,如古诗中的"登高诗"。"登高"是一种习俗,在文化沿袭中慢慢固化为一个写作对象。"登高"是中国古典诗歌中的一个重要母题。"登高必自卑",从低处登至高处,随着空间位置的上升,心理感受随之变化,到了高处,胸中之块垒,不吐不快。

现实不是一个定值,最大的特点是复杂多变,个人命运与时代命运密不可分,浸润儒家文化成长起来的文人墨客,对于时局变化和时序更迭有着敏锐的感触,在创作中丰富了"登高"的内涵。《文心雕龙·诠赋》说,"原夫登高之旨,盖睹物兴情"。所兴之情,杨载《诗法家数》中云:"不过感今怀古,写景叹时,思国怀乡,潇洒游适,或讥刺归美。"孟浩然的"江山留胜迹,我辈复登临",借羊祜抒发自己空有抱负而无处施展的伤感情怀;王维的"遥知兄弟登高处,遍插茱萸少一人",借遥想家乡的兄弟佩戴茱萸重阳登高来表达自己的深情思念。登至高处,视力开阔,以尽情游目骋怀,"登高""望远""抒怀"相伴相随,共生共存,构成一个表意群体。

杜甫的命运与安史之乱中的唐朝一样,动荡,飘摇,前途未卜。自安史之乱起,杜甫流离不定,居无定所,至乾元二年(759年)底,到达成都,进入人生的一个关键时期:由此开始,真正地远离了长安,后不断漂泊南下,最终客死于潭州往岳阳的木船之上。

大历二年(767年),杜甫流寓夔州,写下了旷世之作《登高》。

杜甫通过这首诗,表达了身世之悲和家国之忧,在"无家问死生"和"国破山河在"双重悲剧的重压之下,杜甫完全捋弃了诗歌的含蓄委婉,没有用典,没有隐喻,登高远眺,直抒胸臆,千年之后,我们捧读《登高》,仍然能够感受到扑面而来的悲怆,直抵内心。

是否因此,就可以结合课下注释和学习提示将《登高》简单讲解一下,完成教学任务罢了?

文本既是作者思想情感的载体,又是时代风貌的记录,还是特定情境下的灵感。其复杂性可能超出我们个体的认知水平,所以就有了"一千个读者便有一千个哈姆雷特"的说法。尤其是名篇佳作,我们品读时,不仅常读常新,而且,孰是孰非,百家争鸣。

文本细读,是对待名篇佳作应有的态度。

细读的理论来源是卡尔维诺所说的"经典是一个永不枯竭的宝库"。语文教学实践中的文本细读是一个以学生为主体,紧紧围绕文学作品的语言、写作方法等展开的阅读过程。在这个过程中,学生既能了解文本的基本内容,又能全面感知文本的写作方法、审美特征和文化内涵,从而实现深度阅读的目的。(黄昕,2024)学生在阅读过程中,调动一切已有的知识、能力,怀着尊重、虔诚的态度,细细揣摩,慢慢研读,于有疑处推敲,于无疑处质疑,疑问不断产生,不断解决,甚至疑问解决不了,还不断叠加,似有得又似无得,感觉明白了又想进一步探究,如此一来,在文学的审美鉴赏过程中不断提升对语言的敏感度以及对内容的感悟能力和解读能力。

还有,细读时应该带有空杯心态,去旧迎新。温儒敏说:"怎么去领会教材,区分课型,找到上课的要点和感觉呢? 自己要读课文,'赤手空拳'去读,获取真实的感觉和认知,这是很要紧的。不只是新课文要认真去读,老课文在备课时也要重新读。自己有感受,讲课才有感觉,有'温度'。"(温儒敏,2019)

顺着温教授的指导,笔者"赤手空拳",细读《登高》,收获有以下三点。

细读《登高》,读出了"自然之景":

> 风急天高猿啸哀,渚清沙白鸟飞回。
>
> 无边落木萧萧下,不尽长江滚滚来。

诗歌前四句写登高所见。杜甫绘形,绘声,绘色,着力于动态描写。"急""飞""萧萧下""滚滚来"突出动作的幅度和力度,"风""天""猿""渚""沙""鸟""落木""长江"等具体形象可见可闻可感可知,栩栩如生,又激发想象,想天地宏阔宇宙浩渺,而目力不够心力难及。在这虚实之间,苍茫天地上的秋景描写得恢宏壮阔,流转着强大的生命力量,体现出宏大的悲壮之美。

细品,这四句仅仅是写登高所见之景色?

与《旅夜书怀》"细草微风岸,危樯独夜舟。星垂平野阔,月涌大江流"相比,我们不难发现这两首诗有一个共性:杜甫借助眼前实景,通过笔墨为我们构造了一个巨大的天地宇宙,体现了他的宇宙观。

之所以称为"宇宙",是因为杜甫所描写的登高远望之景恢宏开阔,没有边际。我们顺着杜甫的眼光极目远望,罡风呼啸,苍天高邈,猿声凄厉,飞鸟盘旋,落叶翻飞,遮天蔽日,江水滚滚,不见尽头。目之所及实在太辽阔、太震撼,能够引发无尽的想象。我们立于天地之间,顿时感受到了生命的真实存在,渺小,但是与万物共存。

这种宏大浩渺的天地宇宙在杜甫的诗歌里随处可见。我们在品读"吴楚东南坼,乾坤日夜浮""造化钟神秀,阴阳割昏晓""窗含西岭千秋雪,门泊东吴万里船"等诗句时,思接千载,视通万里。为何杜甫写景时落笔如此开阔雄浑?这与杜甫的政治追求和人生格局有关,始终把家国装在心里的诗人,看到的是百姓,想到的是国家,胸襟之博大自然打开了诗人的眼界,始终与国家休戚与共,充满悲悯情怀。这样的人生观、世界观,自然流露到诗作的字里行间,形成了一种宏观视野,构建了宏大的叙事格局。

细读《登高》,读出了"人生之境":

> 万里悲秋常作客,百年多病独登台。
>
> 艰难苦恨繁霜鬓,潦倒新停浊酒杯。

在成都失去依托的杜甫,买舟辗转而下,途中病魔缠身,经历了诸多不易来到夔州。暂时停顿安居的杜甫,生活穷困,身体抱恙,精神无助,一日登高远望,身世飘零之感油然而生,悲从中来,仰天长啸。

这四句可谓字字带泪,句句含血。

"万里",是空间概念,此时的杜甫的确与长安越来越远了;"悲秋",心上有秋则为愁,自古逢秋悲寂寥,虽说这是一种普遍心理,但此时的杜甫,悲的仅仅是秋吗?这个"秋"字,一语双关,杜甫已至暮年,人生之秋才是悲凉的真正原因。"常作客"的处境,并非杜甫所愿,顺流南下越走越远的现实,给杜甫带来的只有与日俱增的心慌意乱。

"百年"，是时间概念，此时的杜甫已知天命，晚景凄凉；"多病"，不仅是身体上体弱多病，更是心理上忧国忧民；一个"独"字，揭示了此时杜甫的处境，孤独漂泊。周国平说，孤独"是一颗值得理解的心灵寻求理解而不可得，是悲剧性的"，杜甫登高远眺，苍茫天地间，有谁能够理解他的苦闷？有谁在乎他的苦闷？杜甫被他心心念念的朝廷完全弃之不理，身体上的形单影只与心灵上的百无聊赖，形成一种重压，令杜甫无法喘息。

第三联引出第四联的长叹，杜甫到底经历了多少"艰难"？这个问题对学生来说难度过大。学生生逢盛世，怎能理解杜甫当时的境遇？战乱、飘零、疾病、贫穷，叠加在一个人身上，这个人需要具备多大的抗压能力才能负重前行？上课时，此处轻描淡写的讲法，是不可取的，应该充分还原情境，让学生身临其境，去感同身受，去深深共鸣。歌舞诗剧《只此青绿》，以"展卷人"（文物工作者）的视角讲述和呈现王希孟的一生，设计高妙。此处也应这样，唯有将"艰难"的真实面目呈现出来，学生才能真正理解杜甫，才能真正读懂"诗圣"这一称号的由来，才能真正读懂杜甫强烈的忧患意识缘何而来。

一生如此艰难，令人抱恨于事业无成，但此时身已衰老，困顿失意，染疾患病，唯有借酒浇愁，但借酒浇愁愁更愁。"新停"，说明杜甫之前喝酒频繁，借酒麻醉自己以解脱精神的苦痛，因病而停杯，这无边的愁绪，又如何才能释放排解？一个"浊"字，既是生活困顿的真实写照，更是内心浑浊不清的精神挣扎。困兽犹斗，此时的杜甫犹然。

细读《登高》，读出了"历史之镜"：

杜甫登高远眺，眺望什么？

从诗歌内容来看，杜甫看到了浩瀚无垠的天地，看到了自己滴血的心魂，看到了自己的命运即使流浪也始终与国家紧紧维系、无法分割。杜甫的"镜中像"，自始至终镌刻着"家国"两字，杜甫是"见天地、见众生、见自己"的真正诠释者。"为什么我的眼里常含泪水？因为我对这土地爱得深沉。"艾青的诗，与杜甫的心胸相连，构成了中国文人的精神血脉，绵延古今，从未中断，正是这份无法割舍的深刻情感，这种突破小我走向大我的历史细节，于无声处炸响了人类社会的最强音,使得后人在阅读时,见字如面,被强悍有力的精神力量震撼着,获得了强大的生命原动力。

"《诗》,可以兴,可以观,可以群,可以怨。"诗歌除了它的美学价值,还有更多的现实功能。

品读《登高》,我们读懂了杜甫,可否卖懂了自己?

杜甫是一面镜子,照出了一种人格。梁衡说:"当一个人只靠貌美出众时,他(她)最多只能成为一个名人;当一个人业有所成时,他可能是一位功臣;而当一个人只要在人格上达到一定的高度时,他就是一个好人。这时如果他又能貌压群英,才出于众,他便是一个难得的伟人、圣人。"杜甫正是梁衡"圣人"观点的生动写照。他用自己的高尚人格作为根基,叠加上他在文学领域"笔落惊风雨"的才华造诣,最终成为中国文化史上兼具人格光辉与艺术高度的"诗圣"。杜甫从人格到才学的双重升华,印证了"人格至上"与"圣人境界"之间的必然逻辑——人格高度是成为圣人的必要前提,才学是其精神境界的延伸与印证。杜甫一生功业单薄,但是他用诗歌彰显的人格力量,在时间的长河中发酵为一种永不磨灭的精神甘澧,这足以令杜甫超凡入圣,令世人登高仰望。

历史是一面镜子,照出了一种现实。杜甫一生怀着"致君尧舜上,再使风俗淳"的政治抱负,渴望盛唐永存,但是政治哪是杜甫这个文人所能左右的,他如"天地一沙鸥",在动荡不安的政局中,漂泊流离,艰难苦恨,潦倒不堪,杜甫的人生境遇会带给学生怎样的现实思考?世界是圆的、复杂的、不可预知的、难以掌控的,对于高中生而言,既要认识到现实的美好圆满,也要认识到现实的残酷无情。杜甫一生孜孜以求,胸怀天下,是一位不折不扣的道德圣人,但是他的人生是悲怆的、不幸的,艰难苦恨之深,潦倒困苦之重,超出了常人的想象,但是杜甫硬是把自己活成了一根钢针,坚硬无比。授课时,引导学生一体两面地看待这个世界,明白这个世界的一些规则,尤其是明白付出与收获之间的关系,努力了也不一定有收获,这是现实,而不是谎言,一如杜甫。但是杜甫从来没有放弃理想,降低人格。从这点出发引导学生,锻造出优秀的人格,是成长的前提,有了优秀人格做根基,即使没有世俗意义的成功,自己的人生也能实现应有的价值。

细读文本,对文本的语言、结构、修辞、音韵、文体等因素进行仔细解读,从而挖掘文本内部所隐含的意义。(焦玉宝,2024)《登高》境界开阔恢宏,情感低沉厚重,意蕴丰富深沉,在细读的基础上,由表及里,由"自然之景"到"人生之境"到"历史之镜",我们读懂了杜甫,也读出了隐藏在字里行间的时代悲歌,更读出了自己如何在时代流转中塑造自己的人格,这正是文本鉴赏的根本,更是培养学生思维能力和提升文学素养的正确做法。

15 文本精讲

《琵琶行》中的"一曲""两人""三段情"

长篇叙事诗《琵琶行》情文兼备,我们在品读这首长诗时,或多或少都能在白居易的身上看到自己的影子——或是工作的坎坷,或是爱情的挫折,或是生活的艰辛,或是学习的苦恼。常言道,人生不如意,十有八九。白居易的不如意,也是你我的不如意,"同是天涯沦落人,相逢何必曾相识",不论历史如何发展,总会出现惊人的相似之处,跨越时空的共鸣正是沟通你我的最佳途径。

既然我们如此轻易就能与白居易产生共鸣,不妨完全从白居易的视角出发,深入细致地探究他创作《琵琶行》时"寄托遥深"的深意。

首先,细品"一曲"。

从题目看,白居易对"琵琶曲""琵琶女"情有独钟。"序"中说道:"因为长句,歌以赠之。"这是白居易写作此诗的目的,而且还亲自吟唱了一番,可见心意之真、情谊之厚、心思之绵长、意味之悠远。

诗中直接写琵琶曲,有四处:

一是"忽闻水上琵琶声,主人忘归客不发";二是"转轴拨弦三两声,未成曲调先有情";三是"轻拢慢捻抹复挑……四弦一声如裂帛";四是"……却坐促弦弦转急。凄凄不似向前声……"。

这四处,白居易采用了不同的写法。

第一处简写,用"主人忘归客不发"侧面衬托初听琵琶曲的心理感受。白居易与友人情深时短，依依惜别，而此时"举酒欲饮无管弦"，实在是煞风景！古人送别有折柳、歌唱、奏乐之雅趣，当然，推杯换盏更是不能少，此处之所以提到"管弦"，一来侧面烘托惜别之悲，二来为下文琵琶曲的出现做铺垫，或者说，从反面落笔，引出下文仙乐一般的琵琶曲。

第二处简写，用"声少情深"侧面描写琵琶女高超奇妙的演奏水平。琵琶女只是校弦试音，还没有正式演奏，就已经声情并茂，这两句既有悬念，又有夸赞，更寄寓感慨，可谓一石三鸟。弹者无心，听者有意，既侧面描写琵琶女弹奏技艺，又暗写白居易内心深处暗流汹涌的情感，一触即发。

第三处详写，采用比喻、虚实结合、正侧结合等手法，将琵琶曲描写得具体可感，有画面之形象，有动态之缓急，白居易在化无形于有形之间，描摹了心灵历程，体现了思想变化，表面写曲，实则画心，令读者读来动人心弦，回味无穷，拍案叫绝。

"如急雨""如私语"，如"大珠小珠"，如"间关莺语""幽咽泉流"，如"银瓶乍破水浆进"，如"铁骑突出刀枪鸣"，最后"如裂帛"声声，这一连串的比喻，化虚为实，形象鲜明，令人眼花缭乱，目不暇接。

同时，将琵琶曲演奏过程的节奏通过"急雨""私语""错杂弹""落玉盘""间关""幽咽""凝绝""暂歇""无声""乍破""突出""裂帛"等一连串动词，将情绪由轻松欢快发展到悲抑哽咽，到无声呐喊，再到最终爆发的过程急急切切、密密麻麻地再现了出来，如在耳边，如在眼前，令人叹为观止。

"东船西舫悄无言，唯见江心秋月白"侧面衬托，将琵琶曲余音绕梁、三日不绝的艺术感染力表现了出来，此时无声胜有声，白居易的内心无法言说的政治苦楚也只能移情于物了。

赏析这首诗，跟着白居易学习如何化虚为实，描写声音，这是学习重点。除此之外，有一个问题不能忽视：白居易除了写曲，还在写谁？

此处的"琵琶曲"已经超越了单纯的曲子，或者说，由琵琶女的乐曲走向了白居易的心曲，两曲的完全融合，为后人阅读此诗时的情感共鸣提供了基础和可能，而作者白居易如此不吝笔墨地描写，真正体现了"寄托遥深"。

按照王国维的"境界说"，此处当是"无我之境"。"境非独谓景物也。喜怒哀乐,亦人心中之一境界。"白居易借琵琶曲曲折地表达了自己的喜怒哀乐。我们可以通过琵琶曲的变化看到白居易的人生轨迹。白居易在写琵琶曲时,不自觉地加入了自己的感受,对节奏、旋律进行了选择和调整,这是无意识的、不受控制的,境由心生,这就是白居易的"寄托"。

第四处简写,出现在诗歌结尾。好一个"弦转急",写出了琵琶女"感我此言良久立"后的心理变化,从"凄凄不似向前声"可以看出,共鸣者从白居易变成了琵琶女,两人于此处完成了情感的"合体":既然"同是天涯沦落人",那情感上、心理上高度契合。白居易与琵琶女心有戚戚然,共鸣的产生使得曲子不似先前凄凉,但因为同病相怜,所以"座中泣下",白居易最多,以此进一步表达自己的"迁谪意"。

然后,再读"两人"。

"两人"就是男女主人公:白居易、琵琶女。叙事视角的变化让两人的"同病相怜"更加具有震撼人心的力量。

行文到了第三段,琵琶女才姗姗露面。第二段写琵琶女"千呼万唤始出来,犹抱琵琶半遮面",白居易给琵琶女蒙上了一层神秘的面纱。这是白居易故意而为之,为下文详写琵琶女蓄势。第三段的写法别致有嚼头。白居易转换了叙事视角,让琵琶女讲述自己的遭际,这一视角的转换,让琵琶女真正走进了文学的殿堂。你看,琵琶女放下琵琶,整衣敛容,娓娓道来。白居易用高超的笔法为我们塑造的琵琶女鲜活生动,我们似乎站在她的面前,听她娓娓自叙。琵琶女给我们讲述她从少女到老妇的经历,从"教坊第一部"的"争缠头"到"嫁做商人妇"的"守空船",我们真切感受到了琵琶女由"宠"到"弃"的悲惨命运。我们通过琵琶女的自叙,想象琵琶女的神情和语气,会有一个有意思的发现:琵琶女自叙的语气也是由缓到急,我们看一下语气"急"的几句:"商人重利轻别离,前月浮梁买茶去。去来江口守空船,绕船月明江水寒。夜深忽梦少年事,梦啼妆泪红阑干。"这的确可以与描写琵琶曲后几句的节奏相呼应。

琵琶女自叙身世后,白居易有了同病相怜之感,于是,把叙事视角切回自己。白居易的自叙重点放在了"我从去年辞帝京,谪居卧病浔阳城"的生活和心理上:环境苦,心理愁。一直被隐藏的"迁谪意"终于表达了出来。

试想，"序"中的"予出官二年，恬然自安"，是白居易的真实心声吗？我们更愿意将之理解为白居易以自我放逐的方式暂时和自己和解的一种消极行为。"自安"仅是无法申诉，只能接受现实的自我调适罢了，无人赏识，无人理解，无人倾诉，一切苦楚只能深埋心底。

白居易说："同是天涯沦落人，相逢何必曾相识！"的确不必相识，因为悲苦命运如此一致，只能将悲剧叠加，又有谁能够承受？同病相怜，并不会将痛苦消解，只能让痛苦翻倍，"不幸"的命运翻倍出现时，你我的内心观照加剧了自我的悲剧力量，到最后，"座中泣下谁最多？江州司马青衫湿"。

最后，鉴赏"三段情"。

第一段是"曲中情"。琵琶曲本来就带着琵琶女的"幽愁暗恨"，加上白居易的共情，就成了白居易自我情感的"寄托"，这份寄托是由"琵琶曲"到"辞帝京"的悄然暗合所激发的情绪共鸣。

第二段是"叙中情"。琵琶女自叙身世，少年之欢与商妇之悲，形成强烈的际遇对比，让我们看到了一个女子的生命由盛而枯的全过程，令人痛心不已。由此，琵琶女自悲，我们与之共悲。

第三段是"贬中情"。白居易深埋内心的"迁谪意"终于被琵琶女的琵琶曲和悲惨遭际所唤醒，原来的"恬然自安"再也压抑不住内心的悲抑，向素昧平生的琵琶女倾诉衷肠，当众泪洒青衫。

"曲中情""叙中情""贬中情"，层层递进，再坚韧不屈的七尺男儿，也终会怨愤难抑，情感喷涌而出。

《琵琶行》以"琵琶曲"为纽带，巧妙叠合了白居易和琵琶女的生平遭遇，牵连起白居易和琵琶女的"情感共鸣"。我们以《琵琶行》为媒介，走进白居易的贬谪之地，来到"枫叶荻花秋瑟瑟"的浔阳江头，与他一起聆听动人哀怨的琵琶曲，沉浸其中，"感斯人言"。人类生活在不同时间、不同地区，但是命运经常有着惊人的相似，这就促使情感的沟通无挂无碍，"读人"也就成了"观己"。白居易明明写的是自己，但是我们阅读时总能感觉到白居易是在写我们当中的每一个人。正是因为这份难能可贵的"共情"，诗文可以流传千古，人类可以跨越千古，走到一起，在心流的震颤中，读懂了人类亘古不变的情感，沉淀在心底，守护终生。

16 文本联读

《念奴娇·赤壁怀古》《永遇乐·京口北固亭怀古》纵向探秘

传统教学中,《念奴娇·赤壁怀古》《永遇乐·京口北固亭怀古》(以下简称《念奴娇》《永遇乐》)一般是单篇学习,纵向研究能有效保证文本的完整性,利于教学目标的设定和教学反思的闭环。诗歌内部各种情感的冲突与平衡,能赢得师生情感真实程度和深刻程度的加强。不足之处是两首诗歌没有建立沟通渠道以形成横向比较阅读的语境,激烈的思想碰撞没有产生的基础,新鲜的令人兴奋的问题难以激发,思维的多元发展无法达成,思维的立体空间无法建立。

孙绍振教授一直提倡,写作应该从"审美"走向"审智","比较深刻的文学作品,不光是情感和感觉的,还是有着自己独特的理念的"。(孙绍振,2008)文学鉴赏也应该重视"审智"。赏读这两首词作,"审美""审智"都是重点,将两者进行文本联读,纵横开阖,纵向以审美为主,横向以审智为主,打破刻板印象形成的壁垒,激发质疑思辨的兴趣,保持阅读的新鲜感和未知性。艺术的生命在于更新,我们阅读经典,应努力发现艺术作品被隐藏的惊喜。

两首词作的相同点如下。一是题材相同,咏史怀古;二是词风相同,豪放风格;三是手法相同,运用典故;四是情感相同,怀才不遇。

两首词作的不同点如下。

一是创作背景不同。

《念奴娇》创作于宋神宗元丰五年(1082年)七月谪居黄州时期,苏轼四十五岁,因"乌台诗案"被贬黄州已两年有余。苏轼由于诗文讽喻新法,被新派官僚罗织论罪,内心忧愁苦闷无从述说,四处游山玩水放松排遣,期间创作了这首词。

《永遇乐》创作于宋宁宗开禧元年(1205年),当时辛弃疾六十六岁,韩侂胄执政,积极筹划北伐。长期赋闲的辛弃疾于(嘉泰三年)(1203年)被起用为浙东安抚使,1204 年春,又调任镇江知府,戍守江防要地京口。辛弃疾极力主张北伐不可大意,绝不能草率行军。其意见没有引起南宋当权者的重视。

二是运用典故不同。

《念奴娇》用周瑜典故,说明自己有远大的政治抱负,但事与愿违,被贬至黄州,倾慕古人的同时,反衬仕途落寞,壮志难酬。《永遇乐》用典五例。用孙权典故表达对保家卫国、收复失地的英雄的怀念,间接批评南宋统治阶级偏安江南的无能;用刘裕典故象征辛弃疾北伐的勇气和决心,体现对北伐的推崇和对南宋统治者的不满;用刘义隆典故揭示辛弃疾反对草率冒进,警示当政者要谨慎行军;用拓跋焘典故直指现实,沦陷区的人民安心于异族统治,对异族君主顶礼膜拜,严正告知南宋统治阶级,收复失地已是刻不容缓;用廉颇典故说明自己不被重用,报国无门。

三是情感态度不同。

从《念奴娇》的创作背景可知,苏轼被陷害遭贬谪,贬至黄州任团练副使,是一场严重的政治灾难。余秋雨在《苏东坡突围》中说:"像苏东坡这样让中国人共享千年的大文豪,应该是他所处的时代的无上骄傲,事实恰恰相反,越是超时代的文化名人,往往越不能相容于他所处的具体时代。""乌台诗案"中的各种细节,如朝廷官僚如何陷害、惩治苏轼,在《念奴娇》中丝毫没有提及,怨艾愤恨的情绪也没有流露,这一点在《赤壁赋》中也难寻痕迹,按理说,同僚排挤、朝廷降罪,贬谪出京,心中块垒积郁,不吐不快,且《念奴娇》是豪放词作,至情尽兴处呼告而出是再自然不过的事。而《念奴娇》中,我们看到的只有苏轼立于江岸之上,凭吊古战场,追忆风流人物,感慨怀才不遇,这究竟是为什么?

在词作最后,苏轼写道:"故国神游,多情应笑我,早生华发。人生如梦,一尊还酹江月。"对于这几句的思想情感,消极说积极说皆有。与《赤壁赋》联读,发现一词一文,内容、结构上相似颇多,词写到周瑜,文写到曹操,均为盖世英雄;词的尾部写祭江月,文的尾部写"江上清风,山间明月,是造物者之无尽藏,吾与子之所共适",因此客(主)喜而笑,洗盏更酌。一词一文,遥相呼应,情感自洽,所以后人说,晚年读苏轼,豁达、释然、此心安处是吾乡。如此看来,《念奴娇》的结尾,消极也罢,积极也罢,都可不问,只要看到苏轼的思古幽情,看到苏轼与江月共存的潇洒,我们就可以仰望月亮之上的苏轼,豁达自在,逍遥物外。

从《永遇乐》的创作背景来看,当时的辛弃疾已被重用。南宋权相韩侂胄渐掌大权,力主抗金,辛弃疾大力支持,但是对韩侂胄轻敌冒进的做法忧心忡忡,他认为绝不能草率出兵,否则只会铩羽而归。他的意见没有引起当权者的重视。辛弃疾已近古稀,经历过宦海沉浮,看惯了同僚嘴脸,尤其是眼睁睁看着家国大业在主战和主和两派势力的对垒中渐渐走向衰亡,这是多么锥心的疼,刺骨的痛!他来到京口北固亭,登高眺望,面对锦绣河山,怀古忆昔,感慨万千,创作了这篇佳作。

辛弃疾的情感态度很直接。起笔写思古之幽情,极力赞誉孙权和刘裕,这是真正的英雄,气吞万里如虎。但历史如云烟,消散殆尽,辛弃疾希望英雄永恒,后继有人,但是麟子难求,刘义隆好大喜功,喜欢冒进,导致"仓皇北顾",此处用典指向鲜明,希望韩侂胄能够引以为戒,辛弃疾虽然直言进谏,但是他明白朝廷阴风阵阵,最后以廉颇自况,含义颇丰,既表白决心显示能力,又担心朝廷弃而不用,用而不信,才能无法施展,壮志不能实现。一句"凭谁问",沉郁苍凉,再也不见"八百里分麾下炙,五十弦翻塞外声,沙场秋点兵"的豪气勇武,满面愁云惨雾的辛弃疾顿时出现在了我们眼前,我们看到了他的眼神闪烁着自信又暗淡着热情,挣扎、矛盾、纠结、迷茫、愤恨、无奈的目光,一下子戳中了我们,让我们战栗不止。

四是思想水平不同。

后世对这两首词作的评价很多,多为赞颂之语。笔者认为这两则评价恰如其分:

评价《念奴娇》:东坡"大江东去"赤壁词,语意高妙,真古今绝唱。(宋·胡仔《苕溪渔隐丛话》)

评价《永遇乐》:稼轩词中第一。(明·杨慎《词品》)

《念奴娇》是"真古今绝唱",《永遇乐》是"稼轩词中第一"。可见两人创作水平差距不小,这是怎么回事?

《念奴娇》上片景物描写用语新奇,笔力雄健,意象雄浑,境界开阔,极具画面感和视觉冲击力,我们眼前如展开了一幅连天接地的画卷,震撼人心。下片写周瑜,"小乔初嫁了,雄姿英发,羽扇纶巾,谈笑间,樯橹灰飞烟灭",寥寥数语,以典型事写英雄,凸显周瑜的神勇潇洒,可谓形神兼备。真正优秀的诗歌,最大的特点是能够将读者不自觉地带入其中,与作品、文字、诗人融为一体,恍然产生错觉,读者自己也是诗人作品中的一分子,同频共振的阅读感受是自发的,来自心灵颤动的。

为什么《念奴娇》会给读者这样的感觉?

笔者认为,这与苏轼复杂的思想有关。苏轼深受儒道释的影响,儒家让人进取,道家让人超脱,佛家让人旷达,尤其是道家思想和佛家思想,指向个人修为,关注个体生命体验,这与儒家思想完全不同,而苏轼思想儒道释共存,形成了韧性十足又善于自我和解的性格。在苏轼的诗文中,儒家思想是主导,道家、佛家思想比较隐蔽,但也正是潜在文字背后的道家佛家思想,使得诗歌具有了悠远的禅意和邈远的神韵,如苏轼的《念奴娇》《赤壁赋》,写景中,总有一种天地共存的达观洒脱;叙事中,总有一种深沉的人生思考,"齐家治国平天下"的入世、"道可道非常道"的玄妙、"心无挂碍"的虚空,我们都能品读出来,入心入情随之而来的是共鸣共情。正因为有了儒道释思想的浸润,苏轼作品的格局打开了,走向了千古,天地空阔,境界邈远,能够与不同时期的读者进行真切的情感互动。

《永遇乐》则不然,我们读这首词,首先是眼花缭乱,又有些吃力。因为典故多,所以阅读体验有些凝滞,不是说用典不好,用典说明辛弃疾的文化积淀深厚,但是典故毕竟不是人人皆知,优秀的作品首先能够让读者迅速产生共鸣,情感的沟通无碍,如果被阻滞了,距离就产生了,距离能产生美,但也能产生隔阂,而《永遇乐》典故之多是易导致隔阂产生的,还有,用典多了,就有了匠气,雕琢的痕迹就有了。

《永遇乐》里的辛弃疾完全忠于国家。深沉的忧患意识、一心为国的家国情怀,都是儒家思想的体现。词作里,没有道家的飘远和佛家的豁达,文字的力量很厚重,也显单一;内容的构成很集中,也显单调;思想的表达很直接,也显单薄,缺少了一种只可意会不可言传的心理期待,作品的文学价值就削减了。

辛弃疾是爱国词人，我们敬佩、仰视，但是总感觉他苦大仇深，人生太累。"凭谁问，廉颇老矣，尚能饭否？"这几句千古名句透露着多少爱国，就透露着多少无奈；彰显着多少决心，就彰显着多少失望；越是显示自己的决心，就越是显示自己的无力。在二元对立的世界里，我们看到的只有黑白，那种柔和的情、温暖的爱、自我的呵护、超拔的清醒，我们统统看不到，所以，我们阅读时，就会被辛弃疾传染一种心痛，转而成为一种心累。

梁衡说："中国历史上由行伍出身，以武起事，而最终以文为业，成为大诗词作家的只有一人，这就是辛弃疾。这也注定了他的词及他这个人在文人中的唯一性和在历史上的独特地位。"这或许是辛弃疾词作特质形成的原因。一个为国家而活超过为自己而活的人，注定是痛苦的，这种痛苦是伟大的，但不一定能够被所有人接受。

五是审美特质不同。

《念奴娇》带给人的是自然之美、人生之美、超脱之美，是"美"的代言，情感强烈。《永遇乐》带给人的是责任之美、功业之美、崇高之美，是"忠"的代言，情中寓理。两篇词作，美的特质不同，对美的呈现也不同，从一个普通的读者角度来看，希望获取什么？是苏轼超脱达观的人生态度，还是辛弃疾一心报国的忠烈情怀？有人选择东坡的洒脱，有人选择稼轩的担当，还有人谁也不选择，只选择自己的人生。我们不仅"审美"，也透过作品的主题去思考人生。

文学作品塑造了生命，我们通过文学作品，也在打磨自己的生命，各美其美，美美与共，足矣。

⑰ 文本精讲

《声声慢》中的"渲染""递进""炼字"

婉约词宗李清照，是千古第一才女。她的诗词独树一帜，词风具有女性特有的婉约与细腻，语言风格更是别具一格，富有独创性。如《声声慢》的开篇，堪称一绝。《西游记》作者吴承恩如此赞誉："易安此词首起十四叠字，超然笔墨蹊径之外。岂特闺帏,士林中不多见也。"后人对首起十四个叠字,从来不吝赞美之词,还有,"独自怎生得黑""这次第"等词句,读来别具特色,有一种说不出的美妙。

李清照的诗词少雕琢少用典,喜用口语,行云流水,没有阅读和理解的障碍。就教学设计来说,笔者认为处理好三个重点,即"渲染""递进""炼字",即可。

第一个重点来自"学习提示":《声声慢》"通篇写'愁',……体会词作是如何渲染这种愁绪的"。

什么是渲染?渲染指通过环境、景物或人物的行为、心理,进行多方面的描写、形容或烘托,以突出艺术形象,加强艺术效果。

《声声慢》一词对"愁"的渲染,具体表现如下。

一是叠词渲染。"寻寻觅觅,冷冷清清,凄凄惨惨戚戚",(后面"点点滴滴"与之呼应)连叠七字,构成了婉转和谐的音律之美,宋词是用来唱的,这七组叠词,伴着哀婉幽怨的乐曲唱出时,凄美动情、绵远悠长。这七组叠词奇绝罕见,赞誉无数。几乎口语的表达,话白、情深,极易产生共鸣。

二是环境渲染。《声声慢》中的显性环境为自然环境,隐性环境为社会环境。"乍暖还寒""晚来风急""满地黄花堆积""梧桐更兼细雨",还有"雁""黑",这些词句描摹出当时的自然环境:初秋时节,傍晚时分,秋风起,秋雨淅沥,敲打梧桐,声声扰人心,菊花被雨水打落,零落满地,刮来一阵疾风,只是微微颤动。"昔人论诗词,有景语、情语之别,不知一切景语,皆情语也。"王国维的诗论最符合李清照的心思,李清照守在窗边,"偏惊物候新",感时伤怀,眼前秋景带有了浓浓的个人情怀。社会环境从词作中不能直接看出来,盖棺论定的是,此词作的情感涉及家国愁、亡夫恨、客居他乡的孤寂、寡居一人的凄凉。如果要深入文本分析,可以聚焦"雁过也,正伤心,却是旧时相识"一句,"雁过"是大雁迁徙,"却是旧时相识"是说这只大雁是李清照在北宋老家时看到过的大雁,大雁不可能是从老家飞来的那只,李清照这样写,是托物抒情,表达深沉的故国之思。

三是意象渲染。意象与景物不同,景物本身是客观的,诗人赋予了它情感,借景抒情；意象是有意义的形象，由物及人，言志寓意。本文第二点"环境渲染"中的自然环境由景物构成，融"愁绪"于"秋景"；"意象"与"景物"不同。《声声慢》中的意象有"酒""雁""黄花""梧桐"等。古诗文中，借酒浇愁，酒代表愁绪；"雁"可以看作环境的一部分，但是，"雁"在古诗文中寓意丰富，有家乡、思人、怀乡等寓意，如"鸿雁传书"；"黄花"即菊花，"菊花"是"四君子"之一，此处是凄楚感伤之义；"梧桐"，《淮南子·说山训》中"见一叶落，而知岁之将暮"，将梧桐与秋天的悲凉联系在一起。"细雨"滴落在"梧桐"上，意境更显凄楚悲凉。

四是动作渲染。"寻寻觅觅"指不停地寻找，渲染出寻找之物的重要。"将息"，休息，前面加上"最难"，渲染出满怀愁绪的苦闷。"如今有谁堪摘？"一句，揭示的是"摘"却无人相伴的痛苦，既写出了秋风秋雨愁煞人，又写出了百无聊赖孤寂苦闷。"守着窗儿"，一个"守"字，庭院深深之感有了，无人可守，无物可守，只能守着"窗儿"，而窗外又是凄风苦雨，抬头是大雁飞过，低头是黄花堆积，看到的是凄楚秋景、思乡之物，听到的是扎心雨声，牵惹愁思。这一个"守"字，守的哪是岁月静好，守的全是"悲欢离合总无情，一任阶前、点滴到天明"，好一个人生至悲。

五是心理渲染。"凄凄惨惨戚戚"，三组叠词，意义相同，程度相同，叠加在一起，有一种纵深感，渲染出无比悲凉的心境。"正伤心"，直抒胸臆，而且带有呼告，这种直露的写法将内心的情感渲染到极致。"憔悴损"中的"憔悴"课下注释为"凋零、枯萎"，指的是"黄花"在"晚来风急"中的形态，但我们阅读时，想到的是李清照憔悴枯竭的形象，此处借物写人；"怎一个愁字了得"中的"愁"是诗眼，李清照直抒胸臆，宣泄了自己的愁情，直击读者的心灵，同时给读者留下了无尽的想象空间。

第二个重点同样来自"学习提示"："起句便用十四个叠字，反复诵读，体会叠字中包孕的情感及其递进层次。"

递进层次，即递进中有层次。"寻寻觅觅，冷冷清清，凄凄惨惨戚戚"，句中标点将之分为三层，这三层的递进关系为"冷冷清清"是"寻寻觅觅"的结果，一无所得；"凄凄惨惨戚戚"是"冷冷清清"的结果，心境悲凉。三组叠词的递进关系既可表述为由动作到心理,也可表述为由表及里。层层推进、一气呵成的逻辑,将李清照的感情由实到虚表达出来。

第三个重点是"炼字"。古人作诗填词特别讲究炼字。炼字,即锤炼词语,指诗人经过反复推敲,找到最妥帖、最精确、最形象生动的词语来描摹事物或表情达意。《声声慢》有几处炼字特别好,它们是"最难将息"中的"最"、"三杯两盏淡酒"中的"淡"、"守着窗儿"中的"守"。

"最"是一个程度副词,"乍暖还寒时候,最难将息",是说忽寒忽暖的季节最难养息。这句话事理上存在矛盾。此处可以使用孙绍振教授的"比较还原法"进行分析。孙绍振说:"我的'还原'只是为了把原生状态和形象之间的差异揭示出来,从而构成矛盾,然后加以分析,并不是为了'去蔽'。"(孙绍振,2008)文学作品中的表述是主观化、观念化、价值化了的,分析研究时要把它的原生状态"还原"出来,将原生状态和形象之间的差异揭示出来,发现矛盾,加以分析。此处还原之后是这样的:不冷不热的初秋时节,应该容易养息,李清照为什么说"乍暖还寒时候,最难将息"呢?"矛盾处"成为探究的"切口"。这是诗人的高明之处,"最难将息"不是因为时令,而是因为心情,这样,"凄凄惨惨戚戚"的愁情就得到了"曲折"的强调。

"淡"是一个形容词,此处形容所饮之酒清淡。此处为什么用"淡",而不用"浓"或者"残"?如《如梦令》"浓睡不消残酒"中"残"字用得特别恰当。此处用"淡"历来说法不一,有两个说法比较有说服力:一是"淡酒"和"风急"形成强烈对比,更能烘托出萧条的氛围和孤冷的心境;二是此词创作于李清照晚年,酒之"淡"与人生之"晚"相呼应,符合当时李清照流落江南寡居独处的处境,一介老妇,在世事变迁中,经历了朝代更迭、举家南迁、亲人故去等诸多不幸,苦难造就了她冷眼看世界,满心的悲凉和孤寂,因而其作品都蒙上了一层"从心所欲不逾矩"的淡定、"看尽人间兴废事"的从容。

"守"是一个动词,诗句的意思是李清照独自一人,与窗儿相伴,怎样才能挨到天黑。一个"守"字,李清照的处境和心境跃然纸上。独自一人,孤苦伶仃;孤独寂寞,凄凉无比。上片提到"晚来风急",是指天色已晚;此处提到"独自怎生得黑",是说怎样才能挨到天黑。这两句之间有一个时间差,即从"天色晚"

到"夜色黑",这个时间差并不长,但是李清照觉得时间无比漫长,等不来挨不到。"守着窗儿",言外之意是无人无物可守,茕茕孑立,形影相吊,侧面揭示了李清照的丈夫、国家、金石等消亡殆尽,这是多么令人疾痛惨怛的事实。

叶嘉莹先生认为,词有一种微妙的作用,本来没有要写自己理想志意的用心,只是给美丽的歌女写一些漂亮的爱情的歌词。可是他不知不觉地就把他最深隐的本质,这不是拿腔作态说出来的什么伦理道德,而是他自己真正的感情人格的最基本的本质,无意之中流露表现出来了。(叶嘉莹,2017)《声声慢》,是一首婉约词作,情感和格局均受制于词风的影响,但是,我们纵览全词,能够读出一种由浅入深、由小及大的情感发展脉络铺展而成的大气象大格局。《唐诗宋词简释》中这样评价《声声慢》:"自庾信以来,诗人写愁,多半极言其多。这里却化多为少,只说自己思绪纷茫复杂,又用一个'愁'字如何包括得尽,而词中句句皆现愁。"除了最后一句李清照使足了力气,喊出了"这次第,怎一个愁字了得",前面的诗句,虽不见"愁",却句句皆"愁",从虚入实的过程,是情绪上的层层叠加,最后恰到好处,喷涌而出,似火山爆发,诗歌的格局从而上升到了家国。李清照创作《声声慢》,情感细腻而笔致奇横,使人不能不赞叹其艺术造诣的高明。

"渲染""递进""炼字",放在《声声慢》这首词中进行具体而微的析读,对学生而言,是一次头脑风暴,看似简单的几个艺术手法,结合语境进行具体分析时,要做到全面深入、准确到位,挑战很大,对思维的要求很高,是高阶思维的有效训练。学习的核心在于真正理解、掌握并精通知识,而非停留在表面或模棱两可,不能灵活运用。要达到深刻的理解和掌握,必须依赖严谨的逻辑思维、深入的分析、及时的自我反省以及积极的实践应用。这些能力都与学科素养息息相关。因此,只有通过精心设计的教学情境,引导学生持续地练习和思考,才能有效地获得优质的学习成果。

18 文本探究

《故都的秋》除了赏景,更应该读"人"

"秋天,无论在什么地方的秋天,总是好的;可是啊,北国的秋,却特别地来得清,来得静,来得悲凉。"

《故都的秋》一文,开篇耐人寻味:无论什么地方的秋天,都是好的,为什么北国的秋在郁达夫的心里却是悲凉的?

而且郁达夫在这段话中,用"可是啊"来了一个意味深长的转折,这个"啊",悠长响亮,怎么就带有了屈原"兮"的咏叹?带有了李白"噫吁嚱"的长调?

对于《故都的秋》,备课重点一般落在描写景物的画面上。庭院秋景图、秋槐落蕊图、秋蝉残鸣图、秋雨话凉图、秋日盛果图,哪一幅不细致形象、凄楚动人?冲淡洗练的笔触,司空见惯的细节,笔墨节省到没了文采,读来却是那么叩人心扉!

先看庭院秋景的韵味:"一椽破屋是租的,茶是浓的,天是碧绿的,驯鸽的飞翔是带着声音的,日光是漏下来的,牵牛花是静对着的,秋草是稀疏且细长的。"这些景色栩栩如生,如在眼前,郁达夫的视角平易近人,他写的难道不是我们每个人的生活?我们不禁会问,郁达夫,你怎么一下子就写到了我的心里?

再看秋槐落蕊的清与静:"秋风吹,秋气重,落蕊满地,踩上去,无声无息,细微柔软,扫街的一阵扫后,灰土上留下一条条扫帚的丝纹。"以前的街道是泥土做的,干旱的时间长了,道路就踩松了踩软了,就有了厚厚的浮土,清扫时,扫帚划过浮土,就有了一条一条的纹路。看似不经意的笔墨,却体现了郁达夫细密的心思。

而这秋蝉残鸣呢,郁达夫没有直接描写蝉鸣,他说,北平树多房子低,到处都能听到它们的"啼唱",柳永说"寒蝉凄切",为什么郁达夫却说秋蝉"啼唱",

不应该是"残鸣"吗？这"啼唱"，是用什么心思听出来的？

再听秋雨话凉的微叹，"哎，天可真凉了——"，郁达夫说，这个"了"字要念得很高，拖得很长。对答的那句"可不是吗？一层秋雨一层凉啦！"这个"啦"，与上句中的"了"一唱一和，都拖着长长的腔调，多像秋风吹来拂去的咏叹，悠长、悲凉，却也不失清爽。郁达夫不是北京人，他在北京生活的时间加起来也就两年，他怎么这么出神入化地将京腔京味给描摹了出来？

最后出场的是秋日盛果，这应该是一番热闹的景象吧？郁达夫是这样写的，这枣子树，在屋角、墙头、茅房边上、灶房门口到处都有，枣子成熟到八九成的时候，才是清秋的最佳时节。郁达夫的描写几近口语，而且笔墨极省，但是，我们同样倍感亲切，是一种熟悉中夹杂着悲凉的亲切，果儿盛，枣儿红，怎么就"悲凉"了呢？我们带着深深的疑问，多么希望与郁达夫敞开心扉，来一次畅所欲言。

写景状物，融情于景，我们随着郁达夫进行了一次美的旅程，赏析秋景的韵味及写法，如此备课理所当然。

在日常教学中，从教材内容到教学内容，教师的"取景"和转化很重要。从这个意义上看，在学生和教材之间，教师像一面镜子似的存在，学生学到什么，很大程度上取决于"镜子"能反射出什么。（胡家曙，2020）因此，教师要注意挖掘教材文本的新元素，带领学生进行风浪更大的思维挑战。

高尔基说，文学就是人学。《故都的秋》除了描绘秋景，还写到了江南的暖秋、北平陶然亭等地的秋意，以及中外文学作品中的秋，还有"黄酒之于白干"的秋，这么多的"秋"，都带有郁达夫鲜明的个人视角。郁达夫在《故都的秋》中巧妙运用对比手法，衬托出"故都的秋"的独特韵味。他将不是自己故乡的北平描绘成自己的"故都"，深情歌颂，却对生养自己的故乡浙江富阳的秋色视而不见。这背后的原因究竟是什么呢？

让我们看一下"学习提示"的几个问题。

1. 作者没有详细描绘陶然亭、钓鱼台、西山等北平著名景点，而是着重描写牵牛花、槐蕊、秋雨、秋枣一类平凡细小的事物，这是为什么？

2. 为什么悲凉的"秋味"在郁达夫笔下具有特别的美？

3. 作者说中国的文人"与秋的关系特别深",有什么道理?

第一个问题,我们在分析五幅秋景图时,已经在追问中获得了答案。郁达夫说:"'五四运动'的最大的成功,第一要算'个人'的发见,从前的人,是为君而存在,为道而存在,为父母而存在的,现在的人才晓得为自我而存在了。""现代的散文之最大的特征,是每一个作家的每一篇散文所表现个性,比从前的任何散文都来得强。"个性是散文的生命,这是郁达夫的创作理念。一个人眼里有什么,他才会写什么,文如其人,在郁达夫身上体现得淋漓尽致。郁达夫眼里平凡细小的事物,全是他沉淀于内心、深藏于内心的事物,郁达夫终其一生,关注的都是这些"平凡细小"的事物,而且每一幅秋景图中,都有"人"的存在,"租"破屋的是谁?"泡"浓茶的是谁?"细数"日光的是谁?"踏"落蕊的是谁?"扫"院子的是谁?"听"蝉鸣的是谁?"互答"的是谁?"看"枣树的是谁?原来,这秋景都不是孤立的存在,是因为有了一个个"人"在其中,才有了悠远的味道。

这样,第二个问题就不难回答了,这悲凉的秋味,为什么特别美?从鉴赏的角度来说,郁达夫并没有用优美的文笔将秋景写得美丽动人,但是,因为秋景中有"人",才韵味无穷。牵牛花、槐蕊、秋蝉、落雨、秋枣,都是俗见之物,正如北平千千万万平凡普通的老百姓,他们或"租"破屋,或"扫"院子,或"互答"天气,他们的生活如此平凡庸常,却又如此真实可亲,我们每一位读者,实际上都是他们中的一分子,我们在阅读的时候,跨越了文字的障碍,心灵相通,能真切感受到他们的内心,走进他们的生活。在那个悲凉的秋天,深味秋韵;在那个悲凉的时代,深味悲凉,就有了苍凉的美,甚至带有一种日本"物哀"美学的味道。

要回答第三个问题,需要简单说一下郁达夫的经历。生于 1896 年的郁达夫,从小浸润于中国传统文学,自是具有士子之气,自古逢秋悲寂寥的忧郁也就有了一种天然的根脉;他于 1913 年留学日本,阅读了大量外国小说,日本的"私小说"对其影响深远,"私小说"也叫"自我小说",特点之一是直接暴露自己的内心世界。郁达夫的小说、散文都带有"私小说"的特点,我们阅读他的作品,就好像在翻阅他的内心,郁达夫好像拿着放大镜,把自己的内心毫不保留地交给了笔墨,放大的细节有时拨弄得我们不知所措。郁达夫的散文,这个特点更加明显，他不会美化自己的想法，不会拔高自己的态度，不会修饰自己的情感，他的所见所闻促使他产生所思所感，他就直接写出来，爱恨情仇，喜怒哀乐，基本一比一还原，真实得令人咋舌。如故都的秋，在带有士子情怀的郁达夫的眼里就是这样的清、静、悲凉，士大夫的气节秉性，让他首先看到的是北平的人民，而故都的秋，则成为北平人民的符号，在那个特殊年代，老百姓的日子过得小心翼翼，没有底气、没有希望，郁达夫就这样直接写出来，以写景状物的散文的形式悲吟北平人民的苦难。

清代沈德潜指出："有第一等襟抱，第一等学识，斯有第一等真诗。"《故都的秋》蕴藏着郁达夫的情怀，是士大夫的情怀，是文人墨客的情怀，是自古而今"秋士"的情怀，因为有着对自己、对他人、对家国的担忧，所以酿造了千古永恒的悲凉，一如"思其力之所不及，忧其智之所不能"，一如"哀吾生之须臾，羡长江之无穷"，是一杯陈酿，醇而醉人。

郁达夫的思想，融合了中国的士子之气和日本文学的格调，成就了郁达夫独一无二的文学气质。在《故都的秋》的结尾，郁达夫深情地写道："秋天，这北国的秋天，若留得住的话，我愿把寿命的三分之二折去，换得一个三分之一的零头。"一个人想拿出生命的三分之二，去换得故都的秋的三分之一，这是怎样的深情与不可思议！这就是郁达夫，在他的文学世界里，他总是毫不保留地展露自己的心胸，这种直白的写法备受世人褒贬，但是，正因为这份难能可贵的真诚，我们才读出了他人格的清高和对家国的悲悯。1945年，郁达夫被日军暗杀，他的爱国情怀在此刻凝固为一种精神，永垂不朽。一个如此赤诚坦率的作家，是捧着自己的心写作的。阅读《故都的秋》，除了不能忽视散文中的"平民"，更不能忽视郁达夫这个"人"，知人论世，文章的印痕是作家一笔一画刻出来的。

19 文本探究
《荷塘月色》中的"有我之境"和"无我之境"

《荷塘月色》是众多不同版本教材的必选篇目，可见其对于培养学生语文素养的重要性和不可替代性。但是,有个现象我们不能回避:很多学生学完了《荷塘月色》却不知道学了什么,文本内容一看就懂,不求甚解,浮于表面;比喻、通感学了不少,但是不能学以致用;文章中的美学表达和情感变化体会不到,遑论共鸣。备受推崇的经典美文,学生在理解、感悟上都有欠缺,审美趣味和鉴赏能力得不到发展,这个现象值得重视和反思。

语文素养是一种以语文能力为核心的综合素养,主要包括"语言建构与运用""思维发展与提升""审美鉴赏与创造""文化传承与理解"等四个方面。笔者认为,我们应该充分挖掘《荷塘月色》的育人价值,充分发挥其美育功能,让其"美"得其所,实现审美的鉴赏与创造,提升学生的语文素养。

王国维在《人间词话》有关于"境界说"的著名论断:有我之境,以我观物,故物皆著我之色彩;无我之境,以物观物,故不知何者为我,何者为物。

彭玉平在《〈人间词话〉译注》中,对此阐释如下。

所谓有我之境,强调观物过程中的诗人主体意识,并将这种主体意识投射、浸染到被观察的事物中去,使原本客观的事物带上明显的主观色彩,从而使诗人与被观之物之间形成一种强势与弱势的关系;所谓无我之境,即侧重寻求诗人与被观察事物之间的本然契合,在弱化诗人的主体意识的同时,强化物性的自然呈现,从而使诗人与物性之间形成一种均势。有我之境与无我之境都是从物我关系而言的,并非"有我"与"无我"的绝对有无之分,因为无论何种观物方式,"我"始终是存在的,无"我"便无法展开真正的观物活动了。

无我之境中的主体意识仍是存在的,只是不对具体外物发生支配性的作用而已。因为个体意识的退隐,所以此时之"我"几乎等同于一"物",故"我"观"物","物"亦观"我",彼此是一种互观的状态。王国维举了陶渊明的"采菊东篱下,悠然见南山"和元好问的"寒波澹澹起,白鸟悠悠下"诗句作为无我之境的典范,即意在说明悠然采菊的陶渊明与南山之间是互相映衬、彼此点缀的关系;而在澹澹寒波与悠悠白鸟的背后,同样立着的是一个与此情景宛然一体的观物者。在这样的一种境界中,具体的物我之间没有矛盾,不形成对立,强弱关系淡漠了,物性却得到了最大程度的体现。

有我之境中的主体意识十分突出,王国维虽然没有对主体意识的具体内涵作出说明,但从他所举的欧阳修的"泪眼问花花不语,乱红飞过秋千去"和秦观的"可堪孤馆闭春寒,杜鹃声里斜阳暮"词句来看,明显是侧重于悲情的表达了。欧阳修词句中人与花的矛盾,秦观词句中人与孤馆、春寒、杜鹃、斜阳等的矛盾,都尖锐地存在着。所以词中的意象无不渗透着词人的情绪,或者说词人的情绪完全洒照在这些组合意象之中。词人的情绪覆盖了物之质性。(彭玉平,2016)

按照王国维的观点和彭玉平的阐释,对《荷塘月色》中的"有我之境"和"无我之境"赏析如下。

《荷塘月色》的前三段,作者的主体意识表现得十分突出,文中的意象无不渗透着作者的主观情绪,"日日走过的荷塘,在这满月的光里,总该另有一番样子吧",这是作者的主观假设,是潜意识中的一种愿景,日月交替,岁序更新,在大自然的轮回中,为什么"今晚"在作者的心里就"该另有一番样子"? 主体意识如此强烈,说明意象已经不再是自然之物,是作者主观情绪的创造。

第二段景物描写的笔墨很多,"寂寞"一词用在了"夜晚"上;最后一句是作者情绪的直接表露。今晚有淡淡的月光,所以就很好。"淡淡的月光"是"这满月的光里"的另一番样子,作者此刻就喜欢淡淡的月光。作者的情绪完全覆盖在自然之物上。这一段的"寂寞""淡淡"都是作者情绪的物化,主体意识得到了鲜明的表达。

第三段作者的情绪由"颇不宁静"渐趋平静,"复得返自然"后,作者被夜晚的宁静平和,甚至被荷塘周围寂寥漆黑所营造出的虚无空寂深深吸引,不自觉地与自然环境融为一体,情绪的消解与暂时的忘却,使得白天的樊笼突然消失,作者如同赤鼻矶的苏轼,与江月共存之际,感觉到"这一片天地好像是我的;我也超出了平常的自己,到了另一个世界"。这时,作者找到了不同平常的自我,天人合一,心一下子静了下来,给自己松了绑,言行上有了空前的自由,发现自己可以在一条直线的两个端点自由游走,今晚,游走到了独处的端点,开始受用这无边的荷香月色。心的宁静,使得荷香月色没了边界,虚实相生之间创造了一种超然物外的美的境界。

前三段,从美学的角度来说,是"有我之境"所创造出的"美美与共"。小煤屑路、月光、柳树等是客观存在,但是因作者"这几天心里颇不宁静"带上了明显的主观色彩,也就是王国维所说的"以我观物,故物皆著我之色彩",当作者将自己的情绪洒照在这些外在事物上时,物我相融,不仅自己的情绪有了转移,而且大自然的平和、沉静逐渐消解了淤积已久的心结,提供了情绪释放的出口,促使作者走向和解,由外到内,反观自我,成了自己的主宰,不再被环境所左右,这是一次情绪管理上的很大胜利。

《荷塘月色》的第四、五段,作者从世俗生活中摆脱了出来,进入了"无我之境",主体意识退隐了,"我"不见了,此时的"我"几乎等同于一"物",故"我"观"物","物"亦观"我",彼此是一种互观状态。作者先写荷叶,出水高拔,如亭亭舞女的裙摆;后写荷花,洁白圆润,风姿绰约,姿态各异,美不胜收;接下来是对荷香的描写,以渺茫的歌声凸显荷香的清幽缥缈,似有若无,而又沁人心脾;荷波则因为"一丝的颤动",闪电毅形成一种流动之美。

作者的视角轻轻上扬,荷塘上的月色美得不可方物。月光如水,姿态轻柔,触感熨帖;轻雾如牛乳,如轻纱,笼着荷叶和荷花,朦胧雅致;月光隔着树木照下来,黑影斑驳,但细长柔软的柳树有了倩影,占尽风情,尽情摇曳。眼前的夜色光影交叠,是律动的油画,是绚丽的音乐,是清晰的梦境。

这两段,除了第五段作者插进一句评论"但我以为这恰是到了好处——酣眠固不可少,小睡也是别有风味的",其他内容,作者抽身而出,不再对客观景物进行支配,而是达成作者自己与被观察景物之间的本然契合。作者愉悦的心情达到峰顶,所描写的自然之物也就显现出作者心中最美的状态,此时此刻,作者实现了朱光潜所说的"注意力的集中和绝缘",在审美的世界中忘却了现实,忘却了自己,把天地交给了荷塘和月色,自己也是这片天地的一分子,物我两忘,自由自在,不掺杂任何渣滓,从而实现了胜景的创造。

当离开荷塘和月色,目光转向荷塘四周时,作者慢慢从美的幻境中回到现实。第六段作者写了荷塘四周高低远近的树,一例都是阴阴的;写了一带远山,隐隐约约;写了路灯光,无精打采;写了蝉声和蛙声,很热闹,却是为了引出"热闹是它们的,我什么也没有"凄楚躁动的心境。

通过第六段的描写我们可以看出,作者再次回到"有我之境",主体意识和客观事物的矛盾开始升级,促使作者完全回到现实,而现实的苦恼压抑也取代了"无我之境"的欢愉自在。现实无法逃避,只能面对;苦恼无法消除,当直面现实时,作者的情绪覆盖了客观事物。

荷塘的梦境只能提供短暂的精神逃离,现实的困境却是真实而长久地存在着,作为有志之士的朱自清,对社会的持续关注成为积压在心头的病灶,心心念念无法放下,所以作者怀古追昔,穿越古今,意欲找到心灵的避风港。作者所思所想皆与"莲"有关,虽然作者在古代的习俗中再次与"美"相遇,但是再美的追忆也解决不了现实的精神困境,精神的出口被现实堵得死死的,所以作者回到家门口时,"轻轻地推门进去,什么声息也没有",只有作者内心无法言说的压抑,一声叹息。

朱自清深谙王国维的"境界说",借助客观景物用文字艺术化地呈现出了自己的情绪以及其中蕴含的美学。《荷塘月色》是文学创作,作者不可能在自己真实的生活中"描摹"生活。此文创作于 1927 年,从时代背景来看,与上海的"白色恐怖"事件有关联,如果只是关注时代背景,对文学作品的赏析就窄化了,偏颇了,如赏析屈原的《离骚》、陶渊明的《归园田居》以及李白的《梦游天姥吟留别》,不可忽视时代背景,任何文学作品都是时代的产物,但是,文学经典是超越时代的,当我们从文学的角度鉴赏文学作品时,我们就会更多地关注到"人",关注到"美",关注到文学跨越时代的价值。

《荷塘月色》课后"学习提示"建议多朗读,并且边读边沉浸到月色清淡、荷香缕缕的意境中,品味优雅、幽静、朦胧的美。这个建议非常好。美本身是抽象的、见仁见智的存在。有的人品味到优雅,有的人品味到幽静,有的人品味到朦胧,有的人可能什么也品味不到。朱光潜认为,真、善、美都是人所定的价值,不是事物所本有的特质。真、善、美都含有若干主观的成分。教学过程中,引导学生进行美的鉴赏,触动学生的心弦,发现美,感受美,而不是告诉他这篇文章的美是什么,我们要通过学习哪些手法、技巧掌握描写美的方法。美是抽象、丰富、不断变化的,而且鉴赏角度不同,对美的感受和评价也不相同,鉴赏美的课堂实践,教师在设计时应不拘一格,重视启发、引导。黑格尔说,美与真是一回事。如果丧失了"美"的鉴赏力,对"真"是否也会带来伤害?

"美"或许是最无用的,它无法解决任何实际问题,它是功利主义的对立面,然而它却是填补心灵空虚、避免精神流浪的良方。古人有"澄怀观道"一说,提倡我们挖掘心灵中美的源泉,做到胸襟阔达,洗净尘滓,提供审美的主体条件,然后,用审美的眼光,深深领悟客体事物中的灵魂、生命,发现一个审美客体,表现一个审美客体,塑造一个审美客体。进行美的鉴赏,需要借助一些特定条件才能完成。运用"境界"说来梳理和解读《荷塘月色》中的美学要素和美的呈现,进行美的鉴赏和创造,是落实语文学科素养教学的一种更好的教学实践。

㉑ 文本探究

《我与地坛》中的"生死观"及呈现形式

《我与地坛》是文学界公认的中国20世纪最优秀的散文之一,全文共七节,课本选的是第一、二节。

史铁生在第一节中表达了他的"生死观",在第二节中表达了对母亲的歉疚和感恩。实际上,这两节都涉及"生死"这一人类永恒的话题。有人说:"史铁生之后,谈生都是奢侈,论死都是矫情。"史铁生从二十岁开始,就与死亡结下了不解之缘,史铁生推着死亡这块巨石,西西弗斯一般,上山,下山,再上山,再下山,一直与命运不屈抗争,直到临死前的最后一秒也没有认输。人类所有的语言在这种伟大的精神面前都变得捉襟见肘、苍白无力。借用史铁生自己的话,就是人的生命如琴弦,唯有拉紧,才能弹好。我们阅读史铁生,人格的力量和文字的力量形成一股合力,冲击着我们的神经,无法抗拒的冲击力令我们无地自容。所以这篇课文的教学设计,重点是借助《我与地坛》与学生深入探讨生的价值、死的意义,谈谈每个人都无法回避、需要养成的正确的"生死观",笔者认为,这是《我与地坛》的备课要义。

史铁生的伟大无须赘言,史铁生是一个生命的奇迹,在漫长的轮椅生涯里活出了最伟岸的人生。史铁生用生命写就的文字闪烁着耀眼的光辉,刺痛了现实,灼烧着我们每一个人的心。他最有资格谈论生死,他说:"我的职业是生病,业余是写作。"他还说:"我是残疾人,不是废人。"他更在《我的梦想》中写道:"上帝从来不对任何人施舍'最幸福'这三个字,他在所有人的欲望前面设下永恒的距离,公平地给每一个人以局限。如果不能在超越自我局限的无尽路途上去理解幸福,那么史铁生的不能跑与刘易斯的不能跑得更快就完全等同,都是沮丧与痛苦的根源。"史铁生从死神之手挣脱之后,深刻地认识到人生最可怕的是给自己的生命设限,亲手给自己埋下痛苦的根源。他在地坛待了很多年,太阳东升西落,天地四季轮回,岁月长河荡涤着他的想法,他在自己的人生之路上跌宕起伏,关于"生还是死"的思考成为他生活的全部。时间是刺透阴霾的阳光,慢慢照亮他尘封的内心,他的"生死观"从肉体上升到精神,他的生命在思考生死的过程中,逐渐走向坚韧,走向明亮,走向自我和解,走向生死超越,最终走向了永恒。

史铁生在《我与地坛》中说道:

死是一件不必急于求成的事,死是一个必然会降临的节日。

剩下的就是怎样活的问题了。

这就是史铁生的"生死观",不必急于求成,因为死亡早晚都会降临,"如何活着"才是我们每天的必修课。史铁生没有使用说教的口气,一味语重心长地给予我们教诲;也没有恨铁不成钢般的耳提面命,就怕我们辜负了生命。他是生命的歌者,他把生命谱写成一个又一个音符,唱给自己听,也唱给我们听。这就是生命的力量。史铁生的人生态度已经成为我们人类共有的精神财富。

跟高中生谈谈生死,不应该成为禁忌的话题,而应该是必要的教育内容。现在的高中生是数媒土著,在虚拟空间中成长起来,令他们天然带有一种不切实际的本性,使得他们漠视死,也鄙视生,所以借助《我与地坛》,与高中生敞开心扉来一次深刻的生命教育,是必要的、不可代替的教学内容。

史铁生在《我与地坛》中,是如何表达自己的"生死观"的呢?

第一节将"生死哲思"融于景物描写中。

《我与地坛》的第一节,有三处景物描写,分别如下:

1. 四百多年里,它一面剥蚀了古殿檐头浮夸的琉璃,淡褪了门壁上炫耀的朱红,坍圮了一段段高墙又散落了玉砌雕栏,祭坛四周的老柏树愈见苍幽,到处的野草荒藤也都茂盛得自在坦荡。

2. 蜂儿如一朵小雾稳稳地停在半空;蚂蚁摇头晃脑捋着触须,猛然间想透了什么,转身疾行而去;瓢虫爬得不耐烦了,累了祈祷一回便支开翅膀,忽悠一下升空了;……满园子都是草木竞相生长弄出的响动,窸窸窣窣窸窸窣窣片刻不息。

3. 譬如祭坛石门中的落日,寂静的光辉平铺的一刻,地上的每一个坎坷都被映照得灿烂;譬如在园中最为落寞的时间,一群雨燕便出来高歌,把天地都叫喊得苍凉;……譬如秋风忽至,再有一场早霜,落叶或飘摇歌舞或坦然安卧,满园中播散着熨帖而微苦的味道。

这三处景物描写,第一处落笔地坛本身,第二处落笔地坛中的细小生命,第三处落笔地坛不同时空的景物。第一处写地坛外貌变迁,景象大寄意深,朴实厚重,有历史纵深感;第二处定格的是无数个瞬间,立体鲜活,是认识的升华;第三处时空交错,境界高远,寓意鲜明。这三处景物描写,宏观与微观相结合,构成层递关系。史铁生运用诗意笔法,既描写地坛风物,又巧妙寄托情思,充分表现出自己因地坛而"再生"的详细过程,以及自己置身地坛不断被启发,走向重生的生死考量。

第一处描写,史铁生把地坛放在"四百多年里"的时间横轴上,写地坛的"剥蚀""淡褪""坍圮",契合史铁生二十一岁突然残疾的生命重创,并且与上段"这中间有着宿命的味道:仿佛这古园就是为了等我,而历尽沧桑在那儿等待了四百多年"遥相呼应,以我观物,则物皆着我之色彩,史铁生对命运的不满,投射到日日独处的地坛,地坛成了他的化身。

"祭坛四周的老柏树愈见苍幽,到处的野草荒藤也都茂盛得自在坦荡。"这两句中地坛的苍老衰败隐退了,只见苍幽蓬勃。地坛的衰退与生机在史铁生的心中博弈,当强者逐渐胜出时,史铁生的内心也就逐渐有了对待生死的坚定态度。每天摇着轮椅来到地坛的史铁生,用十五年的时间参透了自己的命运,逐渐走向新生。在满园弥漫的沉静光芒中,他开始看见时间,看见自己的身影。

第二处描写,史铁生描绘了一个又一个微观世界。蜂儿、蚂蚁、瓢虫、蝉蜕、露水,这些自然事物司空见惯又容易被忽视,史铁生不仅看到了,而且从中产生了关于生命的大彻大悟。四百多年的地坛"荒芜但并不衰败",这些小小的生命穿梭在生死之间,活着时竞相生长,绽放最美的生命,死了就安静地离开,不带一丝留恋。这些微观世界里的强大生命力渗透到史铁生的心里,蔓延成活下去的不竭动力。

前两次景物描写,史铁生以地坛为生命载体展现了自己的心路历程,在自己与地坛的融合与分离中,"生死观"日渐坚定清晰,自然引出下文关于生死的思考:"死是一件不必急于求成的事,死是一个必然会降临的节日。"史铁生用十五年的时间,游走在"生"和"死"的边缘艰难地选择。在地坛中的史铁生,看的是地坛,拯救的却是自己。当他读懂了地坛,也就读懂了自己,然后,"我已不在地坛,地坛在我"。

第三处描写,史铁生写得汪洋恣肆、奇丽壮阔,既可看见生命的丰富和绚烂,又可看见生命的勇气和底气,体现了生命的大气象、大格局。落日余晖,如此灿烂;雨燕高歌,天地苍凉;雪天来临,脚印成谜;古柏苍黑,见证悲喜;暴雨骤临,引发回忆;秋风突至,秋意味苦。这些景象没有顺序,不讲技巧,完全是在思维的大开大合中随意率性写出来的,这正体现了大自然的生命力,也符合此刻史铁生的思想巨变,当他驾驭了生死,苦难就不再是活下去的绊脚石,而是增加生命高度的垫脚石。

第二节将"生死哲思"融于母爱歌颂中。

《我与地坛》的第二节,融哲思于叙事,主人公只有史铁生和他的母亲。多年之前的事历历在目,母亲的音容笑貌被儿子写得鲜活生动,宛在眼前。文字中哲思的力量,化为不朽,成为读者的精神慰藉。如果说第一节是史铁生的自我救赎,那么第二节就是史铁生母亲对史铁生的拯救。

史铁生的母亲去世于 1977 年的深秋,《我与地坛》发表于 1991 年 1 月,两者相距十四年之久。史铁生在《我与地坛》的第二节,以无比忏悔的心情,对自己的母亲进行了深情的歌颂,每当读到"她想,只要儿子能活下去哪怕自己去死呢也行,可她又确信一个人不能仅仅是活着,儿子得有一条路走向自己的幸福;而这条路呢,没有谁能保证她的儿子终于能找到。——这样一个母亲,注定是活得最苦的母亲"时,我们读者都会热泪盈眶。

第二节史铁生在歌颂母亲的同时,就母亲对自己残疾后的态度,也做了具体的说明。例如:

她不是那种光会疼爱儿子而不懂得理解儿子的母亲。

她料想我不会愿意她跟我一同去,所以她从未这样要求过,她知道得给我一点独处的时间,得有这样一段过程。

反正我不能不让他出去,未来的日子是他自己的。

她来找我又不想让我发觉,只要见我还好好地在这园子里,她就悄悄转身回去。

通过这些文句,我们能够清晰地感觉到,史铁生的母亲通情达理,深明大义,她对儿子的爱从不吝啬,从不遮掩,但她对儿子的爱理智清醒,充满智慧。史铁生的母亲对待"生死"的态度,充满了哲理。

残疾的是儿子,这个事实任何人都不能改变;儿子的痛苦,他人更不可能代替;作为父母,给儿子铺设再多的道路,也都不是儿子的生命所需;唯有儿子找到属于自己的人生之路,他的人生才能在正确的轨道上顺利前行,找到属于自己的幸福。史铁生的母亲之所以伟大就是因为她参透了命运的真谛,然后用自己的智慧和行动,鼓励、启迪儿子去找到自己的人生之路。

这样的母亲,注定伟大,也注定痛苦。因为儿子寻找人生之路的过程曲折漫长,这个过程酿成的焦虑担心成倍地积压在母亲的心头,而母亲只能独自艰难地忍受,不能让儿子觉察,当母亲把生的机会给了儿子,就再也不考虑自己的生死,这样的"生死观",怎能不感天动地!

史铁生写作成名之后,经过时间的洗礼和岁月的沉淀,慢慢懂得了母亲的"盼望"。文中虽然没有直接说明母亲的心愿是什么,但从字里行间获知,这份心愿与名利毫无关系,母亲知道残疾对儿子造成了重创,所以母亲的心愿非常简单,她只是希望儿子幸福,只要幸福,就足够了。

史铁生的母亲对儿子蘸着心血的爱,令我们动容;她充满智慧的举动,令我们敬佩。在第二节中,史铁生将母亲的"生死观"融入母爱颂歌和自我忏悔中,情深、智明。

史铁生自嘲"被种在床上"。史铁生瘫痪之后，又陆续得了肾病、尿毒症，一直被疾病困扰，其生活的艰难程度可想而知，但是接连不断的苦难，不仅没有打败史铁生，反而让史铁生的生命如同他名字中的"铁"一样，无比坚硬。现在学生的成长环境与史铁生时代完全不同，他们很难与史铁生产生共情，现在的学生往往都有一颗"玻璃心"，经不起风浪的侵袭。所以，就《我与地坛》而言，教师应将重点放在"生死观"的探讨上，与学生聊聊"生"、谈谈"死"，从史铁生，谈到张海迪，谈到司马迁，谈到古今中外身残志坚的伟大的人和生动的事。在交流的过程中，只要有一点能够触及学生的心灵，触发学生对生死的思考，就能够促使他们反观自己，并深深懂得不仅要珍惜自己的生命，而且要努力实现生命的价值。这样的人生观建立之后，内心就会强大起来，心态就会稳健起来，以后的学习、工作就会越挫越勇，风雨无惧。

其实我们每时每刻都是幸运的，因为在任何灾难前面都可能再加一个"更"字。史铁生的话，我们应铭记。

(21) 文本探究

《赤壁赋》中"明月"的意蕴有几重？

对于千古奇文《赤壁赋》，后世解读的文章浩如烟海，各具特色，精彩纷呈，是丰富的教学资源。将《赤壁赋》置于"乌台诗案"的背景下解读，体会苏轼复杂矛盾的情感思想和旷达乐观的人生态度，是学习重点。立足高中教学，化繁为简，以平易近人的方式，走进学生的学习实际，借助此文，习得如何写景抒情，如何情景交融、事理结合，提高审美鉴赏能力，是备课要义。

在苏轼的诗文中，"月"这一意象较为常见。《水调歌头·明月几时有》中，苏轼借仲秋圆月，以月起兴，借月抒怀，表达对弟弟苏辙的相思之苦，"明月几时有，把酒问青天"具有深刻的文化内涵；《念奴娇·赤壁怀古》中"一尊还酹江月"一句借月抒怀，尽显旷达洒脱的人生态度。

笔者在阅读《赤壁赋》时，就"明月"这一意象有了深入思考。

《赤壁赋》中,写月的句子如下。

1. 举酒属客,诵明月之诗,歌窈窕之章。少焉,月出于东山之上,徘徊于斗牛之间。白露横江,水光接天。

2. 桂棹兮兰桨,击空明兮溯流光。

3. 月明星稀,乌鹊南飞。

4. 挟飞仙以遨游,抱明月而长终。

5. 客亦知夫水与月乎?逝者如斯,而未尝往也;盈虚者如彼,而卒莫消长也。盖将自其变者而观之,则天地曾不能以一瞬;自其不变者而观之,则物与我皆无尽也,而又何羡乎!……惟江上之清风,与山间之明月,耳得之而为声,目遇之而成色,取之无禁,用之不竭。是造物者之无尽藏也,而吾与子之所共适。

第一句,虚实相生,苏轼面对辽阔洁渺的江水,情不自禁吟诵《诗经·陈风·月出》。文中涉及的诗句是"月出皎兮,佼人僚兮,舒窈纠兮,劳心悄兮"。大意是,多么皎洁的月光,照见你娇美的脸庞,你娴雅苗条的倩影,牵动我深情的愁肠!笔者认为,此时苏轼举酒属客,吟诵《月出》,本意与美女没有关系,此处的"明月"有三重意思:

第一重,苏轼游览的时间是"七月既望",即农历七月十六,此时月形圆满,月光皎洁,天地澄明,苏轼睹物生情,有感而发。

第二重,此处用典,未用本意而是以"明月"喻指"美好理想",这与苏轼境遇的残酷与心境的期待有关。"明月"寓意"圆满美好"。

第三重,渲染清幽气氛,烘托悠闲自在、旷达随性的情怀。我们历来将《赤壁赋》的第一段,解读为苏轼道家思想的体现,此段所写环境清幽邈远,"白露横江,水光接天",水汽袅袅,云雾缭绕,加上静谧幽暗的夜色,赤鼻矶下的江面弥漫出一种仙境般的神秘氛围。苏轼和友人纵一叶苇舟,冯虚御风,就有了遗世独立、羽化登仙的逍遥自在。这一段落体现的是苏轼的避世思想,苏轼笔下之"明月",与苏轼的心灵融为一体,是心境的外化,彰显着苏轼的遁世情怀。

第二句,苏轼以骚体笔法,从第一段避世暂得的快乐中,走向理想主义,我们看到了苏轼的人格美、情操美。"桂棹""兰桨"等香木代表的理想人格和政治愿景,从《离骚》绵延到《赤壁赋》,屈原的政治追求成为苏轼的政治理想。

"空明"即月亮倒映水中的澄明之色;"流光"指在水波上闪动的月光。苏轼眼前之景是"无我之境",没有主体意识的支配,没有物我矛盾,强弱关系淡漠了,在和谐美好的氛围中,展现着苏轼心中理想的政治环境。"明月"所具有的象征功能发挥到极致。

第三句,引用诗句,引出曹操。曹操的《短歌行》名句颇多,为什么偏偏用"月明星稀,乌鹊南飞"? 笔者认为,有三个原因:

一是符合情境。苏轼与客泛舟江上,正是七月既望"月明星稀"之日,引用这两句诗,符合当时的情境,逻辑贯通。

二是寄寓深刻。苏轼在前两段中,遗世独立,"饮酒乐甚",是因为苏轼有了暂时的避世之乐和眼前之景虚构的政治幻想,当客人用如怨如慕、如泣如诉的箫声将苏轼拉回现实,苏轼发现自己就如同曹操笔下南飞的乌鹊,所以引用这两句,寄寓自己被贬谪江南之地。

三是抒发感慨。这两句写的是曹操求贤若渴,最终也落得"固一世之雄也,而今安在哉"的下场,表达世事无常、功业难继的悲叹,是典型的儒家思想的表现,体现了苏轼的精神困顿。

第四句,表现了苏轼的一种人生理想,或者说,因为人生的短暂和渺小带来的一种虚幻的希望。"挟飞仙以遨游,抱明月而长终",将"飞仙""明月"并举,"明月"的寓意显而易见。这与"一尊还酹江月"有了关联,"酹江月"的"江月",代表着天地永恒,此处的"明月"意义与之相同。此处的"明月"从事理上来说,是苏轼将渺小与广阔、须臾与无穷,也就是生命个体与天地宇宙对比之后,产生的一种人生愿望。现实的苦闷只能依靠美好愿景自我慰藉,这不仅是一种自我情绪的调控,更是一种积极人生态度的展现:面对人生苦短,功业不在,用积极的幻想抵消现实的苦痛。

第五句,苏轼不再以"客"的身份存在,而是直接现身,表达自己对人生的思考,充满了理趣之美。首先用"水"和"月"的"变"与"不变"回应了第三段"客"的苦闷:你看这水在流逝,其实并没有真正逝去;这月时圆时缺,终究没有增减。从变的角度来看,天地万物都在变,一刻也没有停止;从不变的角度来看,万物都是永恒的,从来没有消失。苏轼在回应"客"的问题时,表现出的辩证观，很好地体现了苏轼豁达乐观的人生态度。苏轼就地取材，使用"江水"和"明月"这两个意象，将抽象的道理具象化，后文的"清风"与"明月"，为我们提供了一个价值取向，我们每个人，都可以与自己的清风明月相伴，都可以在浩瀚的宇宙中找到"取之无禁，用之不竭"的宝藏，都可以在自己的小宇宙中寻觅一方净土去尽情享受。在"舍"与"得"之间，苏轼找到了平衡；在"拿起"与"放下"之间，苏轼找到了出口，情绪愉悦高涨起来。"明月"在这一段中，是苏轼内心的一个理想国，或者说，是苏轼所向往的另一个苏轼的存在形式。

从传达对未来隐逸、自然生活的无比憧憬的"心化之月"到随缘自适、摒弃消极的"理趣之月"，《赤壁赋》中的这轮"明月"，其实质是苏轼将儒道两家兼收并蓄，取其精华弃其糟粕后的独到感悟（方孝民，2024），代表了苏轼走向重生的心理历程。

条分缕析之后，我们有了一条崭新的思路：起点在《念奴娇·赤壁怀古》，"一尊还酹江月"的意蕴延续到《赤壁赋》，《赤壁赋》中的"明月"与之遥相呼应，形成严密的逻辑关联。在文本联读中，我们能真正走进苏轼的内心，见证他面对苦难的坚韧达观，捕捉他转瞬即逝的思想情感，真正理解苏轼和他的作品。罗曼·罗兰说，世界上只有一种真正的英雄主义，那就是在认清生活的真相后依然热爱生活。苏轼正是这句话的践行者。后人如此喜爱苏轼，就是因为他"一蓑烟雨任平生"的人生态度。苏轼不惧世事艰难，能屈能伸，自在洒脱，"道理贯心肝，忠义填骨髓，直须谈笑于死生之际"，是真正拥有人生大智慧的人，我们有谁能活出苏轼的随性、尽兴，既有鲜明的个人主张，又有远大的政治抱负？《赤壁赋》《念奴娇·赤壁怀古》是苏轼同一时期的作品，反映了苏轼的处境、心境。即使文本不同，也无法改变苏轼在某一特定时期的思想情感，所以，从"明月"的角度寻找一个新的切入点，在探究上形成自洽，对学生学习而言，是一种积极的思维启发，利于高阶思维的养成。

"明月"既蕴含苏轼道家思想中的旷达随性，又折射出儒家思想中的奋斗进取，更渗透着佛家思想中的变通包容。意象不变，意蕴有别；俗常事物，蕴含大道。苏轼心中悬"明月"，"明月"千古永流传。这是苏轼的造诣，更是我们中国文化的造化，得之甚幸。

22 文本细读

以作者的身份阅读《登泰山记》

如何阅读《登泰山记》？

如果将《登泰山记》看成一篇游记散文来读，不过瘾不说，总感觉缺少点什么。《登泰山记》不足五百字，叙事明快，描写简洁，抒情内敛，议论含而不露。备课重点如果只放在字词研究、文意疏通上，应该不符合姚鼐的创作初衷。"学习提示"说："《登泰山记》是古代写景抒情的名篇，在读通、读懂的基础上，体会景与情的关系。""读通"容易实现，"读懂"，到底"懂"什么呢？姚鼐有隐情？文中有深意？那"读懂"就需要下一些功夫了。

孙绍振的《以作者身份与文本对话》能够帮助我们另辟蹊径，找到一条深入阅读《登泰山记》的途径。当我们以作者身份阅读《登泰山记》时，隐于文字背后的问题就慢慢浮出水面。

孙绍振在文中提到叶圣陶阅读文本的观点，叶先生在他的《文章例话》一书中说道：

"我于读文章的时候，常把我自己放入所读的文章中去两相比较。一边读一边在心中自问：'如果叫我来写将怎样？'对于句中的一个字这样问，对于整篇文章的立意布局等也这样问，经过这样的自问，文章的好坏就显出来了。那些和我想法相等的，我也能写，是平常的东西，写法比我好的就值得注意。我心中早有此意或感想，可是写不出来，现在却由作者替我写出了，这时候我就觉得一种愉快。……我想鉴赏的本体是'我'，我们应把这'我'来努力修养锻炼才好。"

孙绍振认为叶圣陶的观点，不但有重大的理论价值，而且有具体的操作性。"就要把读者从单纯接受的主体改变为参与的主体，以此摆脱主体被动的困境。"（孙绍振，2014）阅读过程中阅读主体积极参与带来的思考，与作者写作时表现的主体意识，构成"两相比较"，在对话、碰撞、领悟中，把文章的"立意布局"真正"读懂"。

让我们以作者的身份阅读《登泰山记》，看看有什么新发现。

先看《登泰山记》的第一段：

"泰山之阳，汶水西流；其阴，济水东流。阳谷皆入汶，阴谷皆入济。当其南北分者，古长城也。最高日观峰，在长城南十五里。"

"学习提示"中提到"文章善于取舍，将小细节和大印象结合"。第一段落笔"大印象"，只字未提登山一事。我们会问："如果我写，会这样开篇吗？既然文章题目是'登泰山记'，为什么先写泰山印象？"

让我们换成作者身份，参与到创作中来。假设我们写登山游记，是直接写登山，还是先写个引子？李健吾的《雨中登泰山》，起笔写的是与泰山擦肩而过的遗憾，第二段才入题开始写雨中登泰山。散文往往在第一段有个总起，营造意境，定下基调，做好铺垫。当时从京城远道而来的姚鼐，对泰山是陌生的，天然的距离使姚鼐心生敬畏，直接写登泰山有示好之嫌，保持距离才是人之常情。而且从宏观的角度描写初始印象，将泰山雄伟壮观山水相连的特征简笔勾勒出来，然后落笔日观峰，以显示登山之艰难，为下文蓄势铺垫。这样运笔才能体现攀登者的本真心态，更符合情理逻辑。

第二段登泰山之前，先写了从京城到泰安的行程，这与登泰山有什么关系？

让我们带着疑问，追随姚鼐的步伐，走进姚鼐的创作视野，一起走走这段路程：乘风雪、历齐河、长清，穿泰山西北谷，越长城之限，至于泰安。从天气情况和经过的地方来看，这段行程路途漫漫，充满艰辛，透过"乘""历""穿""越"这几个动词，我们能真切体会到姚鼐离开京城的决心和顶风冒雪前来登山的迫切。

接下来，姚鼐开始登山，他选择的登山路线是由中谷进山，越中岭循西谷登其巅。但是古人登山，或者说传统的登山路线是循东谷入。姚鼐为什么不走寻常路线？作为外来游客，人生地疏，首选传统路线才合情理。再让我们站在姚鼐视角，把原因找出来。文中写道："与知府朱孝纯子颍由南麓登。四十五里，道皆砌石为磴，其级七千有余""道中迷雾冰滑，磴几不可登。"可见天气之恶劣,山势之险恶,登山之艰难,但姚鼐毫不退缩,表现出无所畏惧的勇气。这是为何?按照王国维的"境界说",此处的景物描写属于"无我之境",也就是"物""我"在这样的一种境界中,没有矛盾,物性得到了最大程度的体现,但两者是互观状态,达到一种本然契合。由此可见,看上去是对泰山景物的客观描写,实际上,这些景物必然映射姚鼐的内心世界。登山之难,实际上寄寓着世事艰难,而姚鼐明知登山不易,也要找到一条道路,勇敢地走下去,实现人生的突破。这两句描写与第二段段首从京城到泰安的描写两相照应,可见姚鼐此时正处在人生突围的十字路口,姚鼐将内心收敛,将情感深藏,用自己的脚步丈量自己的艰辛,跨越人生的风浪。

第三段起笔交代时间"戊申晦,五鼓",行文至此,时间出现了三次:乾隆三十九年十二月;是月丁未(腊月二十八);戊申晦,五鼓(除夕五更)。作为旁观者,我们不禁要问:为什么要在腊月二十八登山,除夕这一天观日出?这一违背常理的做法唯有从作者角度出发,才能找到答案。从前文来看,作者登泰山,有一种不畏艰险勇于"闯关"的胆量,有一种速速完成心愿脱胎换骨不甘流俗的清高。众所周知,姚鼐是"桐城派"的主要作家,才华过人,曾参修《四库全书》,但在这一年,他以养亲为名离开朝廷告归田里。当我们以姚鼐的视角走进《登泰山记》的创作时,就会慢慢明白,姚鼐的《登泰山记》是一份宣告书,宣告自己告别过去,迎接新生。姚鼐不是庸常之辈,他深谙人生之道,懂得如何经营自己的人生。所以,他选择了在除夕这一天登峰赏日,选择极具仪式感的一个时间、一个场景,重启人生之门。这是人生的大智慧,不纠缠过往,不留恋功名,与时序同交替,把新桃换旧符。

第三段最后写泰山日出:"日上,正赤如丹,下有红光,动摇承之。或曰,此东海也。回视日观以西峰,或得日,或否,绛皓驳色,而皆若偻。"此次登泰山的目的就是观日出,第一段已经铺垫好了,为什么真正写"观日出"了,却不大写特写,让激动愉悦的心情来一次大爆发,而是如此简练节省,情感的表现也波澜不惊?

我们带着问题,再次走进姚鼐的内心,从他的视角,把谜底揭开。第二段中姚鼐登至日观峰,极目远眺,将泰山景色尽收眼底。"苍山负雪,明烛天南;望晚日照城郭,汶水、徂徕如画,而半山居雾若带然。"我们在阅读这几句的时候,能够感觉到姚鼐是兴奋的、激动的。一个"负"字,写出了苍山的俏皮可爱;一个"居"字,写出了云雾的故作深沉。姚鼐沉浸在如诗似画的泰山晚照中,完成了身份的转换和心境的回归。

所以,他观日出时,心情比先前平静多了,我们比较两段文字就能感觉出来。而且观日出的姚鼐,"回视日观以西峰",实则就是回看过去,他看到山峰"皆若偻",实则就是看到过去的自己,在朝廷小心翼翼,卑躬屈膝,唯王命是听。此刻告别官场,与过去彻底决裂,此生无憾。

第四、五段的记叙,以电报体的形式,用极其简练的笔墨,简单交代了日观峰周围的名胜古迹和山石特点,明快的节奏显示了姚鼐完成自我超越的愉悦心情。

我们与姚鼐一起,亲身经历了攀登泰山的过程,完成了自我身份的转换和人生重启的仪式。当我们再次回到起点,捧读《登泰山记》,就有了别样的感受。优秀的作品都有鲜明的主体意识,作者通过内容的选择、技巧的使用、艺术的留白,给读者营造思考感悟的空间,感知作者的创作意图。登山则情满于山,观海则意溢于海。姚鼐笔下的泰山,是姚鼐的泰山,不是你我的泰山,所以,我们以作者的身份与文本对话,才能发现姚鼐的泰山到底深埋了多少秘密。

（23）文本探究

翻开《齐桓晋文之事》,跟着齐宣王学习领导艺术

孟子是说理高手,《齐桓晋文之事》充分体现了孟子的说理智慧。孟子思路清晰、逻辑严密,在对话中循循善诱,通过设喻和类比,将自己的仁政思想娓娓道来。所以,传统教学重点基本放在探究孟子的仁政思想和高超的说理技巧上。

本文的对话异常精彩,对话中,不仅完成了孟子思想的表达,而且塑造了齐宣王这一君王形象。学习本文,齐宣王这一形象不应被忽视。俗话说,伴君

如伴虎，假设齐宣王高高在上，盛气凌人，刚愎自用，孟子口吐莲花也无用武之地，甚至危机四伏，性命难保。这样看来，孟子和齐宣王是相互成就的，甚至可以说，是齐宣王成就了孟子，因此，学习本文，探究齐宣王的领导气质和施政艺术，同样是重点。

那么，齐宣王的君王气质和施政艺术，到底有哪些？

一是开疆拓土，欲建大业。

在本文开头，齐宣王向孟子请教齐桓、晋文治国之事。齐宣王为什么要问孟子"齐桓晋文之事"？后文有这样一处对话：

（孟子）曰："抑王兴甲兵，危士臣，构怨于诸侯，然后快于心与？"

王曰："否，吾何快于是！将以求吾所大欲也。"

曰："王之所大欲，可得闻与？"

王笑而不言。

曰："为肥甘不足于口与？轻暖不足于体与？抑为采色不足视于目与？声音不足听于耳与？便嬖不足使令于前与？王之诸臣皆足以供之，而王岂为是哉！"

曰："否，吾不为是也。"

曰："然则王之所大欲可知已：欲辟土地，朝秦楚，莅中国而抚四夷也。以若所为，求若所欲，犹缘木而求鱼也。"

这段对话极为精彩，孟子以巧妙的引导和提问，令齐宣王说出了宏伟的政治志向：他正积极备战，开疆拓土，意欲统治整个中原地区。可见，齐宣王绝非等闲之辈，正因如此，他才向孟子询问齐桓公和晋文公的事迹。

二是欲成大业，不耻下问。

成就伟业绝非易事，齐宣王向孟子求教治国用兵之术，这表明齐宣王深知治国的策略，军事上更是深谋远虑，一心向春秋霸主齐桓公、晋文公看齐，从"齐桓、晋文之事，可得闻乎"一句看出，齐宣王向孟子询问时，态度温和，语气真诚，丝毫没有君王的高高在上，不耻下问的态度体现了齐宣王的底层思维。齐宣王深知自己想要什么，身处春秋战乱时局，诸侯各国孰强孰弱了如指掌，想要成就霸业，就要知彼知己，取经学习，所以，齐宣王放低身份，以谦虚好问的姿态向孟子请教。齐宣王的高明之处就在于他头脑清醒，能够看透事物的本质，不被事情的表象迷惑。齐宣王作为一国之君，欲成大业，不耻下问，霸主之相已初步显现。

孟子说："君之视臣如手足，则臣视君如腹心；君之视臣如犬马，则臣视君如国人；君之视臣如土芥，则臣视君如寇雠。"这句话揭示了君臣之间关系的转化。齐宣王与孟子对话，谦虚平和，先将自己的态度摆正，从而使得孟子能够放下戒心，坦率地表达自己的真实想法。

三是仰慕先贤，立志高远。

齐宣王以齐桓晋文为榜样，可见齐桓晋文治国有方，功业显赫。史载，齐桓公是春秋五霸之首，"九合诸侯""一匡天下"，文治武功卓著。晋文公是"古所谓明君"，春秋五霸中第二位霸主，与齐桓公并称"齐桓晋文"。齐宣王以齐桓晋文为榜样，向孟子询问齐桓晋文治国之策，足以说明他见贤思齐、励精图治的决心。

四是立足实际，善于反思。

孟子在文章开头说道："仲尼之徒，无道桓、文之事者，是以后世无传焉，臣未之闻也。无以，则王乎？"

（齐宣王）曰："德何如则可以王矣？"

（孟子）曰："保民而王，莫之能御也。"

（齐宣王）曰："若寡人者，可以保民乎哉？"

这几句话短小精悍，问答之间将齐宣王的帝王气质彰显无遗。齐宣王询问孟子该如何称王，首先提到的是"德"，说明齐宣王非常清楚成就霸业的核心是"德"，既然如此明白，就不可能不内美修能，布施恩惠；在孟子回答"保民而王"之后，接着又问："像我这样的人，能够使百姓安定吗？"

这一问更见王者之气！百姓安定是治国之术，立足事物本质，在追寻答案的同时，彰显一国之君的底层思维。我们细细揣摩就会拍案叫绝。好一个"若寡人者"，"寡人"是什么样的人？齐宣王心里是有答案的。寡人是君主，可以呼风唤雨，可以昭告天下，可以为所欲为；但是齐宣王同样知道，这是昏君、庸君、暴君的做法，此时的齐宣王，想成为齐桓晋文这样的霸主，治国有方，国泰民安,彪炳史册;但是立大志易,创大业难,唯有脚踏实地,从谏如流,一切从实际出发,才能成就霸业。

齐宣王与孟子的一番对话,无不证明自己一心为国,勤于思考,善于反思。

平心而论,一个人,尤其是帝王将相,当他的地位至高无上时,往往高估自己而做出失智的判断或者行为,或者因为地位的高高在上,而不听劝谏,独断专行,导致败政亡国,落得个遗臭万年。后世魏征为了大唐发展,专门向唐太宗李世民写了《谏太宗十思疏》,其中提到"念高危,则思谦冲而自牧;惧满盈,则思江海下百川",说的就是这个道理。《齐桓晋文之事》中孟子巧谏,齐宣王善听,成就了一段佳话。齐宣王在孟子无可辩驳的说理过程中,不断感悟思考,显示了一位明君的智慧。

五是不断追问,道德成长。

美国儿童发展心理学家科尔伯格,继承并发展了皮亚杰的道德发展理论,提出了"三水平六阶段"的道德发展阶段论,证实儿童的道德水平在正确引导下,可以得到更好的发展。科尔伯格认为带有冲突性的交往和生活情境最适合促进个体道德判断能力的发展。他编制的"道德两难故事"作为道德判断的工具,能够对儿童的道德判断能力进行研究。《齐桓晋文之事》中以羊易牛,既有冲突,又有道德两难。齐宣王在孟子的不断启发之下,开始走向思考,在思考中走向觉醒。一开始齐宣王对百姓误解自己迷惑不解,孟子说他这样做有不忍之心,是"仁术",是"君子"所为,齐宣王开始"于我心有戚戚焉",内心的触动说明齐宣王道德层面的觉醒和成长,在孟子的不断引导之下,齐宣王连续问出几个问题:

"不为者与不能者之形,何以异?"

"若是其甚与?"

"吾惽,不能进于是矣!愿夫子辅吾志,明以教我。我虽不敏,请尝试之!"

这些问题,呈现递进关系,体现了齐宣王道德进步和思想进化的过程。作为一国之主,必有过人之处,起初意欲通过武力开疆拓土,成就中原霸业,后来在孟子的说服之下,逐渐走向仁政思想,走向文明治国的方式。这是道德发展的功劳,更是孟子仁政思想的最好体现。

《孟子》这部作品,以其散文体裁,对历史进行了艺术化的再现。笔者曾一度对《齐桓晋文之事》中所蕴含的虚构元素感到疑惑,尤其是孟子与齐宣王的对话,其生动程度和细节化的表现,似乎过于强烈。但转念一想,如果因为文学性而导致历史性弱化甚至掩盖,那么孟子及其思想的真实性同样有待商榷。但是孟子思想千真万确,是中国思想文化的源头活水,如此看来,文中齐宣王的真实性也毋庸置疑,既然基于史实,那么从齐宣王的角度来分析领导气质和治国之术,是成立的、自洽的、有科学依据的。

文本分析应从多个角度出发,不断探索未知领域。无论是教师备课还是学生学习,他们都可能在某一时刻灵光一现,有了巧思、新解。此时,要及时守护这份转瞬即逝的灵感,顺藤摸瓜,深入挖掘,说不定会有新发现,成为新的教学设计。不必担心这些想法是否会被质疑或被认为不切实际,只要逻辑严谨、论据充分,这样的观点就是正确的。

这正是学习过程中的乐趣所在。

24 文本探究

《庖丁解牛》中的"人生进阶"之道

庖丁解牛是一则寓言故事。寓即寄托;寓言,就是用比喻性的故事寄寓意味深长的道理。庖丁神乎其技的"解牛"之道在寓言中成立,但在现实生活中并没有"普世价值"。每个人都有自己的人生赛道,都可以在自己的赛道上成为王者,而不是成为庖丁,就如同让庖丁成为美术界的齐白石、科学界的钱学森,这不仅不可能,而且贻笑于世。讲解《庖丁解牛》时如何避免学生仅持有"高山仰止,景行行止"的旁观者心态,而是激发他们与文本进行深入交流,与庖丁产生共鸣,让一种精神悄然渗透,从而培养出积极向上的人生态度?

解决这个问题的关键是将《庖丁解牛》中的"道"讲出烟火气,真正与学生的实际对接,让学生从旁观者成为参与者,在学习活动中获得真实的体验。

文惠君曰:"嘻!善哉!技盖至此乎?"

庖丁释刀对曰:"臣之所好者,道也,进乎技矣。"

文惠君与庖丁的对话对"技"和"道"进行了鲜明的区分,并且说明了一个道理:人们对相同的事理在认识上截然不同。文惠君将庖丁炉火纯青的"解牛"定义为"技",而庖丁定义为"道"。"技"属于实践层面,是可视化的,是一种平视姿态;"道"属于抽象层面,只可意会不可言传,是一种高深姿态。就学生而言,他们更容易接受实践层面的"技",这符合他们的认知水平和思考能力。

但《庖丁解牛》的重点在"道"上,先来看看"道"的核心是什么。

"依乎天理、因其固然、游刃有余"这是庖丁"解牛"过程中的三个关键词。"游刃有余"是"依乎天理、因其固然"达到的程度。从这一逻辑关系来看,我们不能把学习重点简单地放在"游刃有余"这一结果上,应该追根溯源,并且贯通学生的学习生活与文本内容,以今天的视角理解、领悟"游刃有余"形成的原因,若以说教的形式,把古人的理论平面化,刻意拔高,不加变通地指导今天的学生显然不合适。

"依乎天理"中的"天理",课下注释为"牛体的自然结构";"因其固然",课下注释为"牛体本来的结构"。从这两处解释可以看出,庖丁解牛的根本在于"遵循规律",进一步说,就是"尊重个性"。庖丁作为一名厨师,他的职业是制作各种美食,战国时期还没有精细化分工,厨师还担负着宰杀任务,庖丁因为深知"遵循规律"的重要性,练就了一手绝活。

因此,学习的要点要放在"道中道"的分析上,将"游刃有余"这一结果的原因阐释明白,这样才能让学生对待庖丁的态度从仰视改为平视,慢慢走近庖丁,唤醒自己的认知,形成心灵的颤动。

"道中道"中的第二个"道"是探究学习的重点,这个"道"是庖丁自我缔造的过程,庄子以简洁明快的节奏、严丝合缝的逻辑,阐释了绝世高手的成长之路。

文中这样写道:

始臣之解牛之时,所见无非牛者。三年之后,未尝见全牛也。方今之时,臣以神遇而不以目视,官知止而神欲行。依乎天理,批大郤,导大窾,因其固然,技经肯綮之未尝,而况大軱乎!

良庖岁更刀,割也;族庖月更刀,折也。今臣之刀十九年矣,所解数千牛矣,而刀刃若新发于硎。彼节者有间,而刀刃者无厚;以无厚入有间,恢恢乎其于游刃必有余地矣,是以十九年而刀刃若新发于硎。

虽然,每至于族,吾见其难为,怵然为戒,视为止,行为迟。动刀甚微,謋然已解,如土委地。

提刀而立,为之四顾,为之踌躇满志,善刀而藏之。

将这段文字分成四层,庖丁成长的脉络技能清晰地呈现出来。这四层以递进关系阐释了庖丁人生进阶、练就绝活的过程和原因。

第一层强调时间的重要性。"始""三年""方今"是庖丁的成长线,彰显时间雕琢的力度和成长的伟力,"见山是山,见山不是山,见山还是山"的进阶过程具体完整地呈现出来。"只有流过血的手指,才能弹出世间的绝唱!"在熟能生巧、百炼成钢这一事理上,古今中外的认识不谋而合。当一种道理毫无争议地具有了普遍性、大众性、历史性,我们就可以轻而易举地接受,以此指引自己,并自觉践行。

这一层具体阐释了"游刃有余"的原因,即"遵循规律"。"臣以神遇而不以目视,官知止而神欲行。"这一句充满玄妙的哲思,学习时要抽离它的抽象性,明确它的本意:熟能生巧。并进一步揭示技术娴熟的原因——"依乎天理、因其固然"。"形而上者谓之道""形而下者谓之器",教师的责任是如何将形而上的事理转化为形而下的实践。

第二层强调观察的重要性。庖丁既善于观察生活,更善于思考生活。"族庖""良庖"的区别在庖丁看来,是"折"与"割"的区别。庖丁通过观察,洞悉了宰牛的诀窍,于是,他动刀宰牛时,既想到了"折"(砍牛骨)的鲁莽生硬欠思考的不成熟表现,又想到了"割"(割牛肉)的熟练有余又止步于熟练的自我满足的骄傲心理,然后以此为戒,潜心苦练,让自己的刀在牛骨与牛肉之间游走,一直苦练到"恢恢乎其于游刃必有余地"。

第三层强调心态的重要性。庖丁的可贵之处在于,当我们都觉得他已经"由凡入圣"时,他却一直保持一颗谦虚谨慎的心:"吾见其难为,怵然为戒,视为止,行为迟,动刀甚微。"其中"见"说明庖丁始终细心观察,不敢大意;"戒"彰显庖丁警惕谨慎的心理,说明他以终为始,谨记职责;"止"说明庖丁解牛过程中精力高度集中,"专注"成就了真正的高手;"迟""微"两字,刻画出庖丁专注的神情、娴熟的动作、强大的内心。易中天说,越是高级的东西越简单。这五个词语将庖丁在我们认为封神的时刻,完全还原为普通人,举手投足间,是我们普通人对待事物都有的细心、谨慎、专注、认真的态度。庄子的作品汪洋恣肆、浪漫壮阔,但是在打破常规的同时却又是对常规的深刻反映。

第四层强调自守的重要性。"提刀而立,为之四顾,为之踌躇满志,善刀而藏之",这四句中有两个"庖丁"形象,一个是志得意满的庖丁,一个是收敛自知的庖丁。"提刀而立"的庖丁,霸气十足;"善刀而藏之"的庖丁,知进退,明得失。"藏刀"就是"藏人",韬光养晦,低调谦逊,这是所有绝世高手的共同品质。

通过析读,让学生真正明白"时间、观察、心态、自守"对一个人成长的重要性,这篇课文的价值就能充分发挥出来。

《普通高中语文课程标准(2017年版2020年修订)》中明确说明"工具性与人文性的统一,是语文课程的基本特点"(中华人民共和国教育部,2020),对于古代文学,尤其是先秦时期的诸子散文,其"工具性和人文性"只有与当下语境相结合,充分挖掘它的时代意义,才能体现出来,才能发挥历史文化应有的价值。就如《庖丁解牛》,当我们洞悉了庄子成长之路的四个维度阐释的"人生进阶"之道时,我们就能帮助学生找到人生登顶的必经之路。四个维度逻辑严密,层层推进,让我们知晓"遵循规律"有迹可循,可以具象为实践操作,可以落地为学生能感知能共情、充满意义的课堂设计。在课堂上,学生与庖丁一起完成"解牛"的过程,就是完成一次人生成长的过程。置身其中与置身事外完全不同,教学实践的最佳境界是通过教学设计和情境营造,让学生走进文本,置身其中,成为活动的参与者、体验者、思考者、受益者。

25 文本探究

《烛之武退秦师》中的"智谋"解

"本文的核心部分是烛之武游说秦穆公的外交辞令。烛之武以一己之力，成功说服秦国撤军，瓦解了秦、晋对郑国的围困。前人说'烛之武一言，贤于十万师'（谢有辉《古文赏音》），并非过誉。要反复诵读，理清思路，揣摩人物情态，体会对话语气，把握烛之武说辞的语言艺术和其中蕴含的智慧。"

《烛之武退秦师》的"学习提示"聚焦烛之武的外交智慧，点明了本文学习重点。智慧不是大自然的恩赐，而是经验的结晶，借助经验，智谋才得以产生和使用并发挥作用。烛之武在大敌当前、国难当头之际临危受命，以"一言"胜"十万师"，以出色的外交智谋取胜，可谓壮哉。烛之武的"智谋"，不高深不小众，可学可用，能帮助我们构建深层次的逻辑思维框架，遇强则强，逢凶化吉，形成自己的人生大智慧。

烛之武的智慧，有以下几点。

一是以退为进的智慧。郑文公知道秦晋围郑的严重性，所以听从了佚之狐的劝谏，亲自来找烛之武，烛之武没有立即答应郑文公的请求，而是说：

"臣之壮也，犹不如人；今老矣，无能为也已。"

烛之武难道不知道国家形势严峻吗？如此具有大智慧的人，凡事皆能洞若观火，不可能对国家形势漠不关心，看不出轻重缓急。在郑文公找他之前，他早该对国家形势了如指掌，可为何还要拒绝郑文公呢？烛之武绵里藏针的回答告诉了我们答案。

原因一：表达不满。烛之武年轻时不如他人，没有被重用，现在国家有难才想到自己，不满之情溢于言表。

原因二：出于自保。秦晋强强联合，对付一个小小的郑国，如探囊取物。现在郑国派他这个老头子去舌战强敌，如司以石击卵。赢了，载誉而归；输了，国破家亡，烛之武不得好死不说，还遗臭万年，替罪羊可不能当！烛之武寥寥几语,虽委婉含蓄但力透纸背。郑文公作为一国之君,不仅有治国智谋,而且深谙人情世故,他听了烛之武的一席话,于是放低姿态,谦逊恭敬地说道:

"吾不能早用子,今急而求子,是寡人之过也。然郑亡,子亦有不利焉。"

郑文公的这几句话,刚柔并济,力道十足。一是表达歉意,表明自己在用人上存在严重失误,向烛之武当面认错,态度诚恳;二是讲明利害,现在国家形势危急,只有烛之武能够力挽狂澜,解救国家于水深火热之中,且烛之武与郑国唇齿相依,也必然唇亡齿寒,因此顾大局识大体才是首选。

"然郑亡,子亦有不利焉。"这句话暗含深意。通常将之解读为郑国灭亡,对烛之武也不利。这种解释流于表面。试想,一个国家灭亡,对任何一个人都不利。"任何一个人"包含烛之武,这样,烛之武就泯然众人了。但烛之武不是俗常之人,郑文公能当上国君,绝非平庸之人,此处他使用了激将法,真正要表达的意思是,烛之武你文韬武略天赋异禀,扶大厦之将倾,非你莫属。烛之武更不是泛泛之辈,"国危矣,若使烛之武见秦君,师必退",佚之狐的推荐词,实事求是,绝非溢美之辞。"师必退",用肯定语气彰显烛之武的过人之处。烛之武一开始拒绝郑文公,并不是出于真心,而是深思熟虑之后以退为进的智谋,一来表达自己的真实心声,二来表明家国与个人的关系,给自己留条后路。

烛之武一露面,就给我们上了生动的一课:凡事不可操之过急,生命的魅力在于徐徐开放过程中的恬淡稳健。歌德说,真正的智慧,都是被人思考过千百次的。我们深入分析烛之武的智慧后,能够看到它的脉络、它的力量,是烛之武深思熟虑的结果,而且能够感受到它经过我们再三思考后,慢慢在我们的思想中生根发芽的旺盛的生命力。

二是低头示弱的智慧。示弱是指表面上表示自己软弱,不敢同对方较量。实际上,示弱既是障眼法,又是大智慧。过滤掉张扬高调,把自己的学问、能力、锋芒暂时隐藏,韬光养晦,积蓄能量,等待时机,绝地反击。《烛之武退秦师》这样写道:

夜缒而出,见秦穆公,曰:"秦、晋围郑,郑既知亡矣。若亡郑而有益于君,敢以烦执事。"

好一个"夜缒而出",既说明郑国连夜行动,救亡图存之紧要;又说明这是秘密行动,做好保护之重要;更说明郑国的谦卑,态度低下之必要。烛之武见了秦穆公,会是什么神态?趾高气扬?不卑不亢?低三下四?笔者相信我们都会选择"低三下四"。俗话说,求人不如求己。但是现在是非求人不可,求人之前要做的事情是什么?实际上,就是"求己",烛之武拜见秦穆公之前,一定反复斟酌,不断演练。开场白不知预设了多少次,矛盾冲突不知假定了多少个,烛之武甚至对着镜子反复练习,从表情到动作,从措辞到语气,练习,推翻,再练习。这不是被敌众我寡的悬殊吓破了胆,也不是被人微言轻的劣势吓没了魂,而是对时局经过反复判断思考之后确定的最佳选择、最好途径。当我们真正从烛之武的角度来看待问题,就能与烛之武同命运共呼吸,就能真正捕捉到他的脉搏,感知到他的心声,真正理解"若亡郑而有益于君,敢以烦执事"这句话中蕴藏的大智慧。"亡郑"一词,用的是"郑"而不是"我",烛之武与"郑"距离的拉开令秦穆公放下戒备心理;"有益"一词暗含秦灭郑是正义之举,这种投其所好的外交辞令,岂不将秦穆公说得心花怒放?再加上"敢以烦执事"中卑微与抬举的二元对立,不是更令秦穆公得意扬扬?"敢"有冒昧之义;"执事"指秦穆公,表恭敬,这一低一高、一谦一敬,将秦穆公哄得趾高气扬,回心转意。

智慧的标志是审时度势后择机行事。当智慧成为一切行动的指导,胜局基本锁定。烛之武见到秦穆公的开场白在轻描淡写之中深埋着不动声色的外交智慧,这是烛之武的高明之处:在敌强我弱、两军对峙的险境中,以四两拨千斤之势,用表面的谦卑示弱,达成最强大的杀伤力。

三是示好取巧的智慧。烛之武通过示弱,拉近了与秦穆公的距离,剑拔弩张之势得以化解,秦晋关系开始疏远,下一步棋该如何走呢?

"越国以鄙远,君知其难也。焉用亡郑以陪邻?邻之厚,君之薄也。若舍郑以为东道主,行李之往来,共其乏困,君亦无所害。"

这段话有两层意思,一是秦国攻取郑国容易,但是想获益不容易,秦郑两国之间还夹着一个晋国,虽说秦晋之好,但是利益面前无兄弟。再者本身这场战争的导火索是郑国"无礼于晋",秦国师出无名,想获取利益实在没有合适理由。郑国灭亡,晋国获利,而秦国颗粒无收,"晋厚秦薄",必然不是秦国想得到的结果。烛之武的大胆假设基于事实依据,直中靶心,能够让秦穆公认识到自已缺乏理智的发动战争会给自己带来什么样的不良后果甚至严重伤害,秦穆公听劝之后,再斟酌掂量一下,不可能不重视此事,这样,烛之武与秦穆公的距离又拉近了一步。

秦穆公不是想获利吗?获利的途径千千万,不用作战也可坐享其成。让郑国成为秦国的"东道主",郑国可以无条件提供各种资助。烛之武说到这儿,秦穆公也就心知肚明,原来,郑国想用成为秦国的附属国来阻止战争的发生。天上掉馅饼的好事秦穆公怎能拒绝?这是泼天的富贵啊!

至此,烛之武通过两步走计划,先"示弱",后"示好",化敌为友,成功将秦穆公拿下。

周全、缜密、深入、灵活,这是烛之武的厉害之处。烛之武的智慧源源不断,出其不意,接下来,更是致命一击:离间之计。

四是挑拨离间的智慧。此处的"离间",不能从微观上解读,微观了,就带有了鲜明的贬义色彩,但此处不是贬义词,是烛之武立足国家命运扭转乾坤所使用的计谋,是抵御外侮以恶治恶的外交策略,是国难当头迫不得已的高明手段,更是基于事实没有编造的如实说明。

"君尝为晋君赐矣,许君焦、瑕,朝济而夕设版焉,君之所知也。"

这件事就发生在秦穆公身上,人心隔肚皮,人性在利益面前根本经受不住考验,面对利益每个人都会首先想到自己,并且声东击西,虚与委蛇。当烛之武摆出这个事实时,我们相信秦穆公一定恨得咬牙切齿。作为一国之君,秦穆公就这样被所谓的朋友欺骗、玩弄,没有基本的诚信,还谈什么秦晋之好!顺理成章,烛之武说出了自己最想说的那句话:

"夫晋,何厌之有?既东封郑,又欲肆其西封,若不阙秦,将焉取之?阙秦以利晋,唯君图之。"

原来这才是晋文公发动战争的根本目的,晋文公早已擘画好了霸业蓝图,正一步一步将其变成现实,而秦穆公还蒙在鼓里,跟在晋文公屁股后边瞎起哄呢。不承想,到头来连自己都给输个底朝天,赔了夫人又折兵!秦穆公看着烛之武严肃的表情,豁然开朗,当机立断,与郑国结盟并撤兵。

烛之武就这样临危不惧,精心谋划,步步深入,层层逼紧,完成了不可能完成的任务。

烛之武与秦穆公交锋的过程,危机四伏,惊心动魄。烛之武用自己滴水不漏的智谋,沉稳刚健的态度,力挽狂澜,扭转败局,成就历史上浓墨重彩的一笔。我们今天读来,以手抚膺,长叹连连,五体投地。烛之武的智慧自成体系,逻辑严密,步步为营,稳扎稳打,没有出现一丝偏差。我们走进那段历史,看风起云涌,看群雄争霸,历史的大格局大方向,我们容易了解,但是,历史更是具象的、微观的、细节的,我们通过一个个历史人物,更能捕捉历史的脉搏,感知历史的流动。历史上的烛之武,并不是一个简单的个体,他代表了那个时代,在权谋多变、群雄逐鹿的时代,我们通过一个又一个烛之武,更能接近历史的真相,更能了解我们的先人用自己的智慧,如何缔造一段历史,如何让那段历史鲜活而真实,当历史有了光芒,它就能照亮后人的前进之路。

(26) 文本联读

项羽和窦娥的"悲剧人生"给我们什么启示?

《鸿门宴》和《窦娥冤》并不在一个单元,而将这两篇文章联读,基于"悲剧"这一主题,带领学生探究悲剧的意蕴和价值,十分有意义,因为不论喜剧还是悲剧,都与我们每个人息息相关。

阴阳共生、善恶共存是这个世界的基本面目,我们的人生不可能一帆风顺,潜伏的悲剧会不期而至。我们对待生活的态度应该是冷静的、理智的,不能因为悲剧的出现就逃避躲藏,消极对待 更不能因为喜剧的降临而得意忘形,忘乎所以。但是,从实际情况来看,我们往往在忙碌的学习工作中弱化了生活的触角,在平淡的生活中消磨了对人生的认识,大悲大喜一旦突然降临,人生就会进入过山车状态,失去控制,走向极端。

我们对于悲剧的认识因为直接体验的暂时缺失往往停留在抽象层面,或者只是观望他人命运的起伏跌宕获得一种间接认识,这好比隔山观虎斗,惶恐不安也许有但因为距离遥远看客心理会更多一些,无法对悲剧产生真实的惧怕、痛感,敲山震虎的效果实现不了,从而导致我们对人生的认识过于肤浅。天有不测风云,人有旦夕祸福,一旦遭遇变故或者受到创伤,就容易失去理智从而陷入人生的泥淖。

《鸿门宴》中的项羽与《窦娥冤》中的窦娥都是悲剧人物,但两人截然不同的性格和人生态度使得悲剧意义天壤有别。

《鸿门宴》中的项羽,将一手好牌打得稀烂,说其自掘坟墓不为过,其性格缺陷导致了悲剧人生。

鸿门宴之前,项羽霸气十足,夺取天下势在必得;刘邦出身草莽,有实力但没有绝对优势。

一场杀气腾腾、危机四伏的鸿门宴,完全扭转了局面,改写了历史发展方向。

以史为镜,可以知兴替;以人为镜,可以明得失。通过鸿门宴,我们不仅能够拨开历史的云雾,真切地感受那段惊心动魄的战争,而且能够走到项羽的身边,亲眼看见他是如何一步一步走向灭亡的。这面历史的镜子,能够照出我们的人生,也能指引我们的人生。

刘邦果敢隐忍,露拙藏巧,一心一意称霸天下,越是有大志,越是把自己包装成窝囊废、无能儿,降低存在感,而且还会故意让对方鄙视自己,忽视自己,在这种情况下,起义叛变,自然能够避人耳目,一举成名天下知。

而项羽呢?

我们看看《鸿门宴》是怎么描写项羽的。曾国藩说,细微之处见真章。史书贵真,求简,《鸿门宴》写项羽笔墨不多,但处处巨笔如椽,让我们看到了一个血肉丰满、性格鲜明的项羽;而且春秋笔法的使用让世人回味无穷。

第一处:沛公军霸上,未得与项羽相见。沛公左司马曹无伤使人言于项羽曰:"沛公欲王关中,使子婴为相,珍宝尽有之。"项羽大怒曰:"旦日飨士卒,为击破沛公军!"

"大怒"两字,将项羽的草率鲁莽、意气用事刻画得淋漓尽致。项羽为何大怒?刘邦先入关中,驻军霸上,竟然没来拜见自己,有失颜面,霸主地位受到挑战;偏听偏信,曹无伤说刘邦想在关中称王,项羽是名门之后,一路厮杀就是为了称霸天下，怎能让草莽出身的刘邦捷足先登？所以项羽速速下令击破刘邦部队。一个"怒"字，暴露了项羽性格的缺点，而作为君王，这缺点是致命的。

第二处：项伯复夜去，至军中，具以沛公言报项王，因言曰："沛公不先破关中，公岂敢入乎？今人有大功而击之，不义也。不如因善遇之。"项王许诺。

项羽为何"许诺"？司马迁写《史记》时，此处没有展开，反倒给了世人更多联想的空间。项伯私通张良，将项羽攻打刘邦的军事秘密告诉了张良，这对项羽非常不利，但是项羽不但没有追责，还答应了"善遇之"的请求。由此可见，项羽敌我不辨，利害不分，这样的性格如何称霸天下！

第三处：沛公旦日从百余骑来见项王，至鸿门，谢曰："……今者有小人之言，令将军与臣有郤。"项王曰："此沛公左司马曹无伤言之；不然，籍何以至此？"

刘邦老奸巨猾，怀疑有小人挑拨离间，项羽头脑简单，不假思索就把曹无伤给出卖了，而且言辞中还夹杂着对曹无伤的不满，自己因为曹无伤的告密做出了错误的决定。这处细节将项羽有勇无谋、好坏不辨的性格暴露无遗。

第四处：项王、项伯东向坐，亚父南向坐……亚父者，范增也。沛公北向坐，张良西向侍。

中国是礼仪之邦，座次体现着礼仪规范。在古代，室内最尊的座次是坐西面东，其次是坐北向南，再次是坐南面北，最卑是坐东面西。鸿门宴上，项羽坐在最尊位，刘邦向北而坐，坐在连范增都不如的南面。这种座次安排暴露了项羽骄矜专横、唯我独尊的性格。

第五处：范增数目项王以示之者三，项王默然不应。范增起，出，召项庄，谓曰："君王为人不忍。……"

范增直言项羽"为人不忍"，这不单单是因为"举所佩玉玦示之而不应"的气急之语，更是对项羽一贯如此的强烈不满。项羽作为君王，优柔寡断，难辨敌我，这种性格如何称雄天下！

第六处：(哙)瞋目视项王，头发上指，目眦尽裂。项王按剑而跽曰："客何为者？"张良曰："沛公之参乘樊哙者也。"项王曰："壮士，赐之卮酒。"……

这段描写有两处细节值得玩味。一处是"按剑而跽"，说明项羽紧张、警觉，甚至害怕，来者不善，剑拔弩张的危机感令项羽惶恐不安。一处是项羽的话——"壮士，赐之卮酒"，后边还有一句"赐之彘肩"，"壮士"是对樊哙的夸赞，樊哙私闯营帐，一副你死我活的架势，不但没有激起项羽的怒气，反而得到了项羽的好评，而且还赐酒肉以示奖赏，简直滑天下之大稽；接下来项羽被樊哙训斥了一顿后竟然沉默不语，毫无君王风范，不明事理不辨是非的窝囊废形象跃然纸上。

第七处：项王则受璧，置之坐上。亚父受玉斗，置之地，拔剑撞而破之，曰："唉！竖子不足与谋。夺项王天下者必沛公也。吾属今为之虏矣！"

项羽接受刘邦的玉璧时，刘邦已经脱身回到了霸上，两军对垒，形势严峻，项羽竟然"受璧"，且"置之坐上"，难怪气得范增直骂"竖子不足与谋"。竖子，"小子"之义，带有蔑视成分。鸿门宴自始至终，项羽的军师范增一直察言观色，对项羽暗示明指，但是项羽与范增貌合神离，范增最终忍无可忍，以唾骂的形式给项羽定了性。

这七处细节描写皆神来之笔，将项羽塑造得形神兼备，尤其是对其性格的刻画，入木三分。司马迁秉笔直书，不虚美不隐恶，这些细节中，或许不乏史迁的主观创造，不过基于史实的创造，也可以窥见历史的真相。鲁迅说，《史记》是"史家之绝唱，无韵之离骚"，历史书籍多少带有一些文学加工，在所难免，透过史书文字，项羽的悲剧具有不可磨灭的社会价值。

经过鸿门宴之后，项羽的政治形势江河日下，最终落得自刎乌江，生命终结时，项羽仰天长啸："天之亡我，我何渡为？"项羽一生征战沙场，立下壮志称雄天下，但是直到兵败垓下，无路可走以自杀收场，仍然不知兵败势亡的原因，这种悲剧人生令世人扼腕叹息。

我们会问，项羽的悲剧是典型的性格悲剧，俗话说，禀性难移，性格悲剧能避免吗？秉性的确不好改变，但是，我们的思维可以通过训练得以拓宽、发展。众所周知，有多种因素可决定一个人的命运，其中一个人的认知水平，与命运发展息息相关。社会的发展是众人所为，而个人身处其中，身单力薄，面对纷繁复杂、日新月异的发展态势，感觉无能为力是一种必然现象。一个人要融入社会，与时俱进，多向内审视，进行自我角色的深加工，才能适应社会的发展与需求，跟上社会发展的步伐。加缪说："命运不在人的身上，而在人的周围。"如果项羽从谏如流，或许逆天改命、成就霸业就易如反掌。

新课标的重点是培育学生的核心素养，培养核心素养的一个重点就是培养和增强学生的思维能力。教学过程中，学生的思维持续得到训练和强化，当学生看待问题的角度、态度发生变化时，他的人生就会发生改变。

项羽的悲剧是一个很好的教学素材，悲剧在人的一生中难以避免，一味回避不如坦然面对，当学生在教师的引导下，对人生有了更加深刻、理性的认识时，人生的悲剧、喜剧不论何时来临，都可以从容应对，甚至化险为夷。

窦娥的冤情可谓惊天动地，但是，她又是如何逆天改命的呢？

窦娥从文学的角度来说，是一个"扁平人物"，没有项羽这个"圆形人物"立体丰满，更具有真实性，但是，为何窦娥这个艺术形象如此鲜活生动，成为中国文学史中的一朵奇葩？就是因为窦娥面对冤情表现出不屈和反抗，在不公的命运面前勇敢回击。

在"滚绣球"这一节中，窦娥面对自己不公的命运，对天长歌：

"有日月朝暮悬，有鬼神掌着生死权，天地也，只合把清浊分辨，可怎生糊突了盗跖、颜渊？为善的受贫穷更命短，造恶的享富贵又寿延。天地也，做得个怕硬欺软，却原来也这般顺水推船。地也，你不分好歹何为地？天也，你错勘贤愚枉做天！"

这段唱词如同锋利的刀枪，直接戳出了封建社会的丑恶面目，撕开了黑暗社会的遮羞布。当时的社会清浊不辨、欺软怕硬，好歹贤愚不分。窦娥蒙冤入狱，被押赴刑场时，对黑暗邪恶的社会发出了振聋发聩的控诉。虽说文学高于生活，但文学中的故事、人物来源于生活，都是现实生活的真实反映，而且更集中，更有冲击力。鲁迅说，悲剧将人生有价值的东西毁灭给人看。窦娥蒙冤受屈，即将处以酷刑，一个柔弱善良的小女子，被黑暗的社会撕裂，在人生至悲时刻，窦娥没有妥协，而是对天宣誓：血溅白练、六月降雪、亢旱三年。她要苍天证明自己的清白无辜，她要借助异常的事件向人间发出最强烈的警示。这个弱小女子，如同一根钢针，硬硬地扎进了社会的心脏，令人由衷佩服。

窦娥的鲜活在于她给自己的悲剧人生赋予了震撼人心的价值，上升为一种伟大的人格力量。

项羽的命运由喜而悲，窦娥的命运由悲而喜，我们在阅读文章时，顺着文章的脉络和动人的细节，能够触摸到人物的命运走向，而这种走向与人物的性格息息相关。性格悲剧也罢，社会悲剧也罢，我们首先要知道悲剧是社会的普遍存在，无法完全避免或消除。只有接受悲剧的存在，并建立起正确的认识，我们才能泰然处之。

必备知识的掌握、关键能力的获得、核心素养的提升，都是一堂课要充分落实的教学内容。打破文本界限，进行文本关联，通过一个主题的设置，从文本出发，延伸到生活和人生，在教学构建的情境中，促使学生自发生成更多的体验和认识，从而潜移默化地影响自己的人生。这样的教学过程指向学生核心素养的培养，应该成为教学常态。

（27）文本细读

《林教头风雪山神庙》中"火"的多重功能

课后"学习提示"中有这样一句话："注意小说如何在情节的发展中塑造人物性格。"这告诉我们，人物性格通过情节发展得以塑造展现，这是常识，这句话的重点在"如何"一词上，要求学生掌握塑造人物形象的手法，正面描写、侧面描写是学习、分析的重点，同时，"风雪"这一意象以及它所构成的冰天雪地的环境的象征意蕴，是赏析重点，除此之外，文本中还有一个容易忽视的意象"火"，同样值得我们深入探究。

众所周知，小说是虚构文学，文中的每一处笔墨都有它应有的作用。金圣叹在评点《水浒传》时明确提出"正笔"与"闲笔"的概念，"闲笔"是指小说中关于非情节因素的描写，金圣叹认为"闲笔"能"向闲处设色"，可见，"闲笔"不"闲"，是生辉的妙笔，隐藏着作者的巧思，需要特别关注。"意象"在小说中反复提及或者其功能导向很明显，其重要性不言而喻，如本文中的"雪"，反复提及，意义不断被强调、被强化，作者的写作意图自然显露出来；如黛玉葬花，"花"的功能通过阅读《葬花吟》便知晓它就是黛玉的化身。如果某些"意象"

笔墨不多,读者把重点放在了意蕴鲜明的意象分析上,而忽略了这些"闲笔",就丧失了文本分析的很多妙趣。

关于"火"的描写,从课文的第七段开始,全文共出现了四次。

第一处:林冲到了草料场,见到老军,"只见那老军在里面向火","火"正在给老军带来温暖。

第二处:林冲与老军交接完毕,放下包裹被褥,"坐下生些焰火起来"。因草屋"崩坏",朔风肆虐,林冲"向了一回火",仍觉得身上寒冷。

第三处:林冲在酒家酒足饭饱后,回到草料场,看到两间草厅被雪压倒,"火盆内火种都被雪水浸灭了"。

第四处:林冲在山神庙里喝酒吃肉,听到外面"毕毕剥剥地爆响",草料场起火。

这四处描写,表面上看,所起的作用是一致的,都是推动情节发展,如第一处,老军烤火,说明此处寒冷,就有了下文老军把火盆留给林冲的情节;第二处,因为雪大风急,焰火抵御不了寒冷 所以林冲外出觅酒食;第三处,因为草厅被大雪压倒,火种被雪水浸灭,林冲无法安住,所以到山神庙避寒暂住;第四处,草料场被烧,又听到陆虞候等人的阴谋诡计,林冲被彻底激怒,杀戒大开,被逼上梁山。

这四处描写,如果只是从推动情节发展、烘托渲染气氛的角度来说,其作用简单明了,无须瞻顾。

如果将之与"风雪"比较阅读,我们就能发现诸多隐藏的信息。

毋庸置疑,"风雪"首先起到了推动情节发展的作用,这一点与"火"完全相同,但是,作者在写的时候,从"彤云密布,朔风渐起",下起雪来,到"那雪正下得紧",再到"看那雪,越下得紧了",这越发紧张的环境描写,深意就出来了,读者顺着作者的意图对它进行解读,自然明白其中的作用。把"风雪"的意义,从自然环境的天寒地冻延伸社会环境的黑暗邪恶,从一场"紧"过一场的大雪中,读者能够真切感受到外部的力量带来的令人窒息的压抑,同时也为林冲的命运紧紧捏着一把汗。

作为传统授课重点的"风雪",在紧锣密鼓的情节发展过程中,让我们读出了丰富的"弦外之音"。那文中的"火",顺着理解"风雪"的思路,同样可以解读出它的多重功能。

一是与"风雪"相呼应,完成情节的合理推进。

"风雪"无情,令林冲倍感"寒冷",无法"安身",林冲想通过烤火驱除逼人的寒意。但是,风雪太大,威力无比,林冲生的火根本无法驱寒,这为林冲外出寻觅酒食,以及大雪压倒两间草厅做好了铺垫,小说情节有序展开。

二是与"风雪"相呼应,形成独特的审美意蕴。

"风雪"是"冷"的,无法让人"安身",担负着影射社会的功能;"火"是"暖"的,驱除寒冷,代表着人生的希望与力量。课文中,"雪"与"火"相反相成,构成一对审美对象,令读者在阅读过程中,产生一种强烈的审美情韵。李泽厚在《美的历程》中说:"所谓'不道破一句',一直是中国美学重要标准之一。"文中的"风雪""火"都是作者"不道破"这一技巧的使用,不说透,反而容易激发想象和思考,从而产生独特的审美意蕴。

三是与"风雪"相呼应,代表反抗意识的觉醒。

林冲性格中有一个致命的缺点:逆来顺受,委曲求全。高俅父子霸占他的妻子,设计陷害他,面对羞辱与不公,林冲没有反抗,选择了隐忍。课文第一段有这样几句话:"我因恶了高太尉,生事陷害,受了一场官司,刺配到这里。"这段话说明林冲很清楚自己被陷害的处境,但是跟李小二谈及此事,情绪平静,语言温和,不见气恼愤慨,这说明林冲选择接受了这一现实,忍辱负重,求全苟活。文中其他地方也提到了林冲的性格,如李小二说林冲"性急",林冲听了李小二对他说的东京来的请管营、差拨吃饭聊天的事情后"大怒",可见林冲性情中有刚烈、血性的一面,但是这些性格一直被王权社会所压抑,不能随意表现出来。因此,文中的"火",一开始出现时,是用来"烤火"的,是给人带来温暖的,只是非常微弱,敌不过风雪太盛,后来,大火"刮刮杂杂地烧着""毕毕剥剥地爆响",彻底点燃了他的血性之火,拿起大刀,毫不留情,怒杀仇敌。可以说,这场大火正是林冲内心压抑已久的大火,林冲借助这场大火终于杀出"风雪"的重围,穿了白布衫,戴上毡笠,喝光酒,提了枪,从容"投东"去了。

从"雪"越下越紧越下越大,到大火"刮刮杂杂地烧着","雪"与"火"

"冷"与"热"的对撞，使得小说的发展脉络有了生机活力。作者的写作意图由此彰显出来。这个世界不会总是被冰雪覆盖，人是历史的缔造者，虽然社会如冰，但是当人心如火，熊熊燃烧时，社会就会被推进，历史就会被改写。

第三部分

教学研究

28 备课指导

从命题角度看《百合花》《哦,香雪》如何备课

《百合花》《哦,香雪》是必修上第一单元的两篇小说,这个单元的主题是"青春",编写者在单元前言和单元学习任务中建议从"青春的价值""青春情怀"等角度作为"大概念"进行统摄,给予新高一学生以青春的解读和启迪。

《百合花》《哦,香雪》两篇小说形如"姊妹篇",有很多共性:文风温婉清新,细节生动传神,心理描写丰富细腻,形式上讲究舒缓有致、追求诗意,主题上表达青春礼赞、人性颂歌。

小说三要素"人物、情节、环境"特征鲜明,虽然是诗化表达,但是读完对置身于宏大时代背景下的小人物的命运能够感同身受,主人公不论是通讯员、小媳妇,还是香雪、凤娇,举手投足宛在眼前,鲜活生动,彰显了青春之美和人性之美。

正因此,很多教师备课时将两篇文章放在一起异中求同,进行异文同构。笔者对此有不同看法。

遵循"教-学-评一致性""以评促教"的原则,从命题角度来看,两篇文章的备课应该同中求异。

原因如下。

一是两篇文章的写作背景不同,主题表达完全不同。置身于战争时代,《百合花》着力表现的是"笑中带泪";置身于改革开放之初,《哦,香雪》着力表现的是"泪中带笑"。

二是两篇文章的写作视角不同,阅读体验完全不同。两篇文章的作者都是女性作家,但是视角各异,《百合花》是有限视角下的女性视角,《哦,香雪》是全知视角。

三是两篇文章的写作手法不同,人物呈现完全不同。《百合花》中的主人公性情单纯善良,是"扁平人物";《哦,香雪》中的香雪一直在成长突破,是"圆

形人物"。

四是两篇文章的写作内容不同,主题意蕴完全不同。虽然都以诗化的情致取胜,但是《百合花》表现的是"人性美",至善至美;《哦,香雪》表现的是"人性真",烟火气足。

对文本的阅读,既可以单篇精读,也可以两篇或者多篇进行群文比较阅读。将《百合花》和《哦,香雪》进行比较阅读,结合布鲁姆的六大认知层级中的"分析、评价"两个层级进行问题设计,以此带动学生研读文本,深入思考,形成高质量的答案。这样备课,才能真正体现培养核心素养、提升关键能力的课标要求。

备课时可以像下面这样设计问题。

1.《百合花》从文章开始到"却害忸出了这一头大汗,这都怪我了",写的是"我与通讯员去包扎所"的过程,请结合相关内容梳理出"我"的心理变化。

说明:这类题型在近几年高考试题中考查较多,如《江上》《给儿子》,连续两年进行了考查。将此类题型准确作答的前提是需要具备布鲁姆认知层级的"理解、分析、评价"等能力。"理解"的前提是细读文本,读明白;"分析"的前提是理解到位,想明白;"评价"的前提是对不同心理进行明确区分,给出强有力的有说服力的答案,答明白。

2.《百合花》四次写到通讯员衣服上的"破洞",请说明它对展开故事情节、表现人物性格各有什么作用?

说明:四次写"破洞",四次别具匠心,新高考的命题原则是"无情境不命题",四处"破洞"一样,但是情境不同,因此,回答此题,需要充分认识到情境的重要性,围绕相关情境,认真研读分析,同时,要明确语境不同,意义不同,作用不同,需要对语境意义甄别评价。准确回答这一问题,需要具备布鲁姆认知层次的"分析、评价"等层级,属于高阶思维的考查。

3.《哦,香雪》文本清新优美,淋漓尽致地展现了人情美和人性美,但也有同学认为,香雪想得到"铅笔盒"是爱慕虚荣的表现。请结合文本,谈谈你的看法。

说明:作者笔下的香雪,并不是一个完美型人物,优点很明显,但缺点和不足也不能忽视。对于"铅笔盒"的情感态度是复杂的,在公社念书经常被爱显摆的同学笑话、揶揄,的确激起了她的虚荣心,继续深入探究,我们发现,虚荣背后同样是积极进取的人生态度。准确作答此问题,需要客观深刻的辩证思维,需要在充分理解的基础上,进行思辨、深入的分析、评价,属于对高阶思维的考查。

4. "意象"是小说中常用来塑造人物、表现主题的手法。《哦,香雪》中,"铅笔盒"意蕴丰富,请分析说明。

说明:从题目设问上来看,属于常规题。但试卷中,这种常规题非常普遍,因为考查聚焦的考点一致,考查"理解、分析、评价",属于高阶思维的考查。"铅笔盒"出现的语境不同、意蕴不同,象征知识、尊严、理想等,所以这种题型是考试高频题。

以上四例,可以给我们备课提供一个出口和方向。我们备课经常习惯性陷入常规思维,在舒适区里做文章,做得再足,如果不能结合新课标新高考的要求备课,事倍功半,高质量的教学效果很难达成,新时代的育人目标无法实现。高考评价体系不仅是高考的指挥棒,也是教学的指挥棒,由"一核""四层""四翼"三部分内容组成,"一核"为核心功能,即"立德树人、服务选才、引导教学",回答"为什么考"的问题(中华人民共和国教育部考试中心,2020)。我们应该认真研究"以评促教"的理论导向和操作方式,"以评促教"的"评"最好地体现在"高考试题"中,高考试题是对新课标最直接的实践证明。研究高考试题,不是研究答案,而是研究试题的命制思路和考查导向。教师把新课标、高考评价体系以及相关的理论说明研究明白了,教学设计和教学实践才会发生质的改变,学生的核心素养和关键能力也就能慢慢培养出来。

29 教学设计

《归园田居》的教学设计如何立足核心素养?

《归园田居》是陶渊明的组诗,共五首(一本作六首),第三单元选的是《归园田居》（其一·少无世俗韵）（以下简称《归园田居》（其一）），主题是"归隐"。荣格认为，人在进化中，大脑携带着人类所有历史，即集体性的"种族记忆"，这些"种族记忆"被凝固在大脑结构之中，形成了各种"原型"。"归隐"就是中国传统文化的一种"原型"，在每一个中国人的内心深处，都有一处"芳草鲜美，落英缤纷"的世外桃花源。

初中教材选入了陶渊明的《饮酒》（其五·结庐在人境）（以下简称《饮酒》（其五））、《归园田居》（其三·种豆南山下）、《桃花源记》，加上补充篇目（《归园田居》（其一）有可能作为补充篇目在初中学过了）。中学生在初中学过不少陶渊明的作品，对陶渊明比较熟悉。陶渊明的精神世界与我们传统意义的人生观构成了冲突，这种全新的人生追求和心理诉求给予我们一种强烈的震撼，把我们对世界的认知格局完全打开，自然而然，形成了一种天然的喜爱，因此，如果单纯只从内容、手法赏析上学习《归园田居》（其一），这种授课思路有些简单，而且重复性的学习容易让思维窄化，启迪引领的作用无法实现。如何讲解《归园田居》（其一），才能推陈出新，既符合课程标准，又聚焦核心素养呢？

《归园田居》共五首，自成一体。可以将《归园田居》的五首诗歌与初中学过的其他篇目整合为一个学习群组，进行整体鉴赏，以陶渊明的思想为核心，通过探究形成对陶渊明思想流变的认知闭环。

教学整体设计如下。

1. 将《饮酒》（其五）、《归园田居》（五首）、《桃花源记》印发给学生，自学，诵读，理解文意，形成对陶渊明思想追求的整体认知。

2. 探究的问题。

（1）"久在樊笼里，复得返自然"中的"自然"，如何理解？

（2）你喜欢陶渊明吗？用散文化文字写出你对陶渊明的情感态度。

（3）以《归园田居》（五首）为例，试着探究陶渊明的作品，到底写的是生活的真实，还是艺术的虚拟？是田园的孤寂，还是心境的欢愉？是诗意的栖居，还是无奈的独处？

课后作业的布置，不拘一格，以探究为主，重在思维训练，引导学生深入思考，可以布置以下四个作业，学生选做即可。

1. 用三种颜色黑、白、灰中的一种解读陶渊明。

2. 结合《归园田居》(五首),对陶渊明的世俗化和诗化进行阐释。

3. 你赞成例文中叶嘉莹的观点吗?请说明理由。

4.《归园田居》(五首)中"复得返自然"中的"自然",如何解读?

二元对立,是基于陶渊明"世俗与脱俗并存"的文学世界和人性品格进行的假设,是为了探讨陶渊明的复杂性与多样性。整体教学设想是构建教学"大单元",大单元教学与单篇教学相比,一个明显区别就是整个单元的目标决定整个单元的教学思路,整个单元的教学思路决定整个单元的教学走向,因此,教师基于语文素养开展大单元教学时,应当重视内容整合以便更好地开展单元整体教学。(何靖,2025)此次教学设计由单篇拓展到多篇,综合初中高中多篇诗文,形成一个大教学单元,通过教学中心的确定,深入探讨陶渊明的精神内核,形成自洽的认知思想。

古人及其留下的精神财富,对于我们后人来说,其价值就在于"读史可以明智""知古可以鉴今"。通过对历史的观照,我们能够获得指导当下的方法,或者走向思维的深化,培养思辨意识,在古今贯通中,把认知方式完全打开,通过对历史的评价判断,获取指导当下或者走向未来的成长给养,这就是历史或者文学的意义。

这种教学构想完全打破了常规,是一场思维的激荡,一次教学内容的重构;是一次由平面教学走向立体教学的过程,是一次打破"二元对立"走向融合发展的过程。星火燎原的目的是回归核心素养,专注于思维能力的提升。通过构建"大单元",教学内容在深度和广度上都得到了拓展,这有助于培养学生的思辨和创造性思维。在这一全面关注核心素养的教学构想指导下的教学实践,有助于逐步提升学生的思维层次,获得高阶思维能力,拓宽学生的思维视野。

还有,课堂探究的结果或许没有统一答案,有可能出现众说纷纭、各执一词的现象;教师对学生的评价标准也受到了挑战,孰对孰错不好界定。而这不正是教学的常态吗?

如果让我们在"思维能力的养成与总结后得出答案"中选在一项,我们都会不假思索地选择前者。

附:探究的问题（3）例文

我们是那么地爱着陶渊明

试问,谁不爱陶渊明?

鲍鹏山对庄子的喜爱到了"手之舞之足之蹈之"的地步,我们阅读陶渊明也会经常被吓到。在世俗的官场与清洁的自我这一两难选择中,陶渊明清醒、理智而又决绝,当他吟诵着"久在樊笼里,复得返自然"拂袖而去时,我们真的被惊吓出一身冷汗,尴在那儿无地自容。我们的愤世嫉俗在陶渊明面前,灰飞烟灭不值一提,只是图一时之快过过嘴瘾,哪能与勇武勇毅勇敢的陶渊明相比?我们翻阅陶渊明,总会被深深吸引,你看他那误入桃源的真淳,他那环堵萧然的世俗,他那采菊悠然的超脱,他那种豆南山的辛苦……这一切所呈现的丰富、博大、真实,把我们拨弄得手足无措、魂不守舍。不知为何,我们那么无来由地喜欢陶渊明,有时还亲切地称呼他为靖节先生。充满人间烟火气的陶元亮,最抚我们一众凡人心。但我们深知,误落尘网的陶渊明与我们绝非同类,在道德层面和艺术高度上根本不能相提并论,但我们就么心甘情愿紧紧跟随。

我们喜欢陶渊明远远超过庄子,庄子的高冷峭拔无人能及,他可以尽情逍遥而游无穷,自由洒脱的精神能够穿越一切阻碍而畅行;可以持竿不顾而曳尾于涂,心灵的澄澈空明能够照亮整个世界。这些我们都做不到,只能远观而不可亵玩,只能躲在千里之外千年以外,以手抚膺坐而长叹,而陶渊明不会让我们这样狼狈,我们可以坐上时光机,与他一起走进盛气凌人的杂草丛,看着垂头丧气的豆苗,进行无数次的精神对话。

我们深爱着陶渊明,陶渊明给我们所有人提供了最后的精神避难所。

确然,读你千遍也不厌倦,读你的感觉像春天,像秋天,读出了百般滋味,读出了万般感慨,读出了脱俗,更读出了世俗。人性的悖论在你身上巧妙融合在一起,令我们汗流浃背、坐卧不安。

陶渊明的思想至少隐藏着三个二元对立。

是生活的真实,还是艺术的虚拟?

《归园田居》中,环境描写的笔墨着实不少。以《其一》为例,有三分之二的文字落笔于自然环境和生活状态:

"开荒南野际,守拙归园田。方宅十余亩,草屋八九间。榆柳荫后檐,桃李罗堂前。暖暖远人村,依依墟里烟。狗吠深巷中,鸡鸣桑树颠。户庭无尘杂,虚室有余闲。"

如果让我们选择一种朗读方式来品读这一部分,我相信,我们都会选择吟诵,轻轻踱着步子,还必须得摇头晃脑,脸上洋溢着恬淡的喜悦,喜悦的表情一定是山水写意式的,不能细笔勾勒,工笔太正式了,拘谨不说,郑重其事的样子,就有了冠冕堂皇的刻板。

离开官场的陶渊明,并没有选择与世隔绝,而是"结庐在人境",他一会儿"开荒南野际",一会儿"时复墟曲中",亲近大地和乡村,充满了一种忙碌的快乐;"久在樊笼里,复得返自然"的安适平和,隐藏了多少东坡居士般的"人间有味是清欢";还有,"草盛豆苗稀"无意中揭示了陶渊明的生活状态,种地的世俗化,被茂盛的草儿稀释了至少一半。这样看来,陶渊明的选择是模糊的、游离的,符合自我价值追求。陶渊明要的是悠远淡漠的灰,纯净、平和,能够令人轻易地找到自我。正是这份与世俗社会若即若离的关系,让我们真切地感受到了鲜活真实的陶渊明,我们能够感受他的鼻息,能够听懂他的心曲,我们既相信这是生活的真实,也相信这是艺术的虚拟。

当生活的真实和艺术的虚拟难舍难分,无法辨析,那就让它们融为一体吧。这个世界,很多文人墨客把生活过成了艺术,把艺术植入了生活,如李清照,喜酒甚至嗜酒,但我们从来没有觉得酒精是她的敌人,让她醉醺醺地失去了优雅与品位,反倒是东篱把酒的李清照,有了诗人的魂、文人的骨。我们品诗,更是品人,咂摸人性,历史的河流滚滚远逝,大浪淘沙,留下的不就是人性的善恶美丑真假? 沈从文说:"我只想造希腊小庙,这神庙供奉的是人性。"陶渊明不也如此? 当那份动人心魄的美直达灵魂时,一切都可抵消,只留下回味无穷。

是田园的孤寂,还是心境的欢愉?

陶渊明作为田园诗的开山鼻祖,《归园田居》便是他给华夏文明留下的瑰宝。"狗吠深巷中,鸡鸣桑树颠",静谧悠闲;"桑麻日已长,我土日已广",自在坦荡;"道狭草木长,夕露沾我衣",任性和谐;"山涧清且浅,可以濯吾足",惬意自足。陶渊明把世俗化和诗意糅合在一起,呈现出一种充满烟火气的遁世情趣。

陶渊明最初并不厌恶鄙弃世俗官场，其祖父官至大司马，其父官至太守，陶渊明是仕宦之后，做过江州祭酒，后归隐，后又做过参军，在出任彭泽县令八十余日后，宣称"吾不能为五斗米折腰，拳拳事乡里小人"而弃官归隐，与独立精神和逍遥自我相拥，直至终老。

你看，陶渊明的人生轨迹跌宕起伏，在入世和出世之间自我博弈，最终选择了"守拙归园田"。

好一个"拙"字！但我们是否意会？

竹林七贤的横空出世，让我们看到了一种鲜明的精神品格，穿越历史长空，化为不朽。他们越礼教而任自然，硬生生让自己长成一根刺，刺破时代的黑暗龌龊，让人性的光辉穿透历史肆意挥洒，让我们目眩神迷又清醒无比，甚至夹杂着阵阵痛苦，不断思索人生的要义。魏晋风度问世之后，直至陶渊明，将自由洒脱、不拘礼教的情怀发展到极致。他们人格独立、精神自由，以一种自我牺牲的方式与政治决裂，向统治阶级宣战。他们摒弃了官场，但没有躲避社会，桃花源折射着社会的痛与反思，慢慢发展成为后来所有人心中的乌托邦，这不正说明政治即使逼迫陶渊明们只能选择放浪形骸的生活，也无法改变他们骨子里"位卑未敢忘忧国"的情怀？他们傲岸地活在文学的世界里，与那段历史一起，虚构着诗意的栖居。

他们必然是孤寂的，磨刀霍霍地抵御着来自政治的威压逼迫，再强大的心灵也只能如同狂风暴雨中的一根树枝，岌岌可危，一压即断。精神的伟岸让他们选择了一种自我保全的方式，远离世俗，拒绝权贵，遁入自我构建的山水田园。鲍鹏山说："在一个文化屈从权势的传统中，庄子是一棵孤独的树，是一棵孤独地在深夜看守心灵月亮的树。"陶渊明虽没有庄子的决绝与冷眼，但是当一个人一旦选择了与政治坚决不合作时，他的社会使命就会慢慢萎缩。陶渊明们即使选择了捍卫自我，与田园相伴，与山水共舞，但你看，在"羁鸟恋旧林，池鱼思故渊"的永恒追求中，看守月亮的欢愉与躬耕南亩的孤独，彼此交织，从来没有分开过。

是诗意的栖居，还是无奈的独处？

田园诗歌如同浊世的一股清流，荡涤着世人的心。海德格尔有一句名言：

"人,诗意地栖居在大地上。"陶渊明在两千多年之前,就选择了诗意的田园作为自己的精神栖息地。陶渊明曾经问自己:"问君何能尔?"是啊,明明久住人间,开荒南野,狗吠深巷,这浓浓的烟火气,不就是"尘网"吗?陶渊明却又说"心远地自偏"。这份根植于灵魂深处的"诗意",摒弃了世俗的功名利禄,让陶渊明找到了精神的"桃花源"。

陶渊明在彭泽任上,忽然就想通了,"五斗米"何足道,不就是饱腹之物?为了饱腹之物而丧失了精神自由、独立人格,这样的人生有何意义!鲁迅说过,真的勇士,敢于直面惨淡的人生,敢于正视淋漓的鲜血。我们能够想见,当时的陶渊明,如同一头困于牢笼的猛兽,有过多么剧烈的挣扎!阅读陶渊明,总是不自觉地想到鲁迅《伤逝》中的子君,两人时代不同、性别不同,但是人生选择上,却似乎商量好了一般,尤其是"出走"的勇气,竟然跨越时空,前后呼应。子君呐喊:"我是我自己的,他们谁也没有干涉我的权利!"这句话不正是当时陶渊明的心声?但这种"只为了爱——而将别的人生的要义全盘疏忽了"的人生选择,是否就是最佳选择?

东坡是深爱陶渊明的,他在《书李简夫诗集后》中这样评价陶渊明:"欲仕则仕,不以求之为嫌;欲隐则隐,不以去之为高。饥则叩门而乞食;饱则鸡黍以迎客。古今贤之,贵其真也。"陶渊明的率性而为、坦荡自在、不拘礼法成为东坡的心头爱,也为古今贤者所倾慕。《归园田居》中,我们发现,陶渊明的确在自己建立的精神田园独享人生之乐,而且一再强调"但使愿无违"。不过,《归园田居》组诗中的田园世界,除了陶渊明,并没有其他人出现,远远望着"墟里烟"的陶渊明,完成的是自我的超越,仅此而已。

叶嘉莹说:"在诗人里面,陶渊明可以说是一个自我实现的人,他完成了自己最超越的、最美好的一种品格","不过,陶渊明的自我完善是消极的、内向的,真正是只完成了自我"。这个观点我深以为然。庄子也完成了自我实现,但是与陶渊明不同,庄子是没有烟火气的。庄子是哲学大师,他的汪洋恣肆,瑰丽奇谲,哪个后人能及?庄子活在寓言里,不带有任何世俗之气,逍遥而游的精神飞舞,令人远观叹服却无从学起,但是陶渊明不这样,客观地说,他虽然给自己建构了一方桃花源,但他总是走出他的世外桃源,向路人询问"借问采薪者,此人皆焉如",他厌恶政治、痛恨官场,但是他仍然依恋世俗,与世俗有着说不尽的纠缠。

陶渊明远离污浊的官场,回归到自我的精神田园,然后,用纸笔构建了明净的田园世界,完成了自我的超越,但这种完成"是可悲哀的,因为陶渊明并不是一个不想向外去实现自己政治理想的人,可是在这一方面他是失败了",叶嘉莹说出了我们所有人的心声。

30 教学重构
从"留别诗"的角度赏析《梦游天姥吟留别》

2024 年 6 月 7 日,中国教育在线发布《2024 年全国高考语文试题评析》,评析的第二条"激发科学探究的创新活力"明确提到:鼓励综合的和开放的学习方式。具体说明如下:

今年试题有两大显著特点。一是阅读材料体现出跨学科的综合性,意在引导基础教学进一步打破学科壁垒,注重各类基础知识的融会贯通,培育学生跨学科的意识和视野。……二是试题答案体现出多角度的开放性。多道试题给出了多种答题的可能,鼓励学生独立思考、表达自己的真实见解,将学习重心放在提高思维的严密性和表达的准确性上,而非对答题套路的机械记忆。新课标 I 卷第 9 题要求学生分析作者是否做到了文中所说"不愿在回忆往事时为放牛'赋予意义'",新课标 I 卷第 22 题要求学生分析"恢复疲劳"的说法是否符合逻辑。参考答案都给出了两种不同的观点,并特别说明,学生还可以有其他观点,只要言之有理,都可以得分。这两个特点既是对往年命题思路的延续和发展,也是未来高考语文的发展趋势之一。(中国教育在线,2024)

高考评价体系由"一核""四层""四翼"构成,"一核"是高考的核心功能,即"立德树人、服务选才、引导教学"。高考试卷中的开放性题目,对教学起积极引导作用,尊重思维的多样性,尊重符合逻辑的表达。这就要求我们教师"先行一步"。

"唐玄宗天宝三载,李白在长安受到权贵排挤,被放出京。第二年,他即将由东鲁南游吴越,写了这首描绘梦中游历天姥山的诗,留给在东鲁的朋友。所以也题作《梦游天姥山别东鲁诸公》。"

这是教材课下注释的内容。不论是从题目,还是从注释来看,《梦游天姥吟留别》(以下简称《梦游》)一诗,是一首"留别诗"。就《梦游》诗体而言,传统观点多是"记梦诗""游仙诗",这是因为诗歌内容主要是写李白游历仙山的梦境。不过,题目和课下注释明确点明,《梦游》也是"留别诗"。

先让我们了解什么是"记梦诗""游仙诗""留别诗"。

记梦诗:以记录梦境为主,包含诗人生活感慨、家国情怀、美好理想等丰富的精神内涵,往往"以叙事来抒情"。

游仙诗:以遨游仙境为主,善用夸张、拟人、象征,具有浪漫色彩,内容多以求仙长生或是愤世嫉俗为主,往往表现超越世俗社会局限的思想。

留别诗:指诗人自己要远行,写诗文赠送给亲友。情感多为离愁别绪、感激亲友、感叹人生等。

留别诗的典例是《赠汪伦》。

赠汪伦

李白乘舟将欲行,忽闻岸上踏歌声。

桃花潭水深千尺,不及汪伦送我情。

水深情更深,李白用夸张和衬托的手法,化虚为实,表达两人之间的深情厚谊,体现了李白豪迈飘逸的真性情和率真赤诚的浪漫情怀。

孟浩然的《留别王维》、刘过的《念奴娇·留别辛稼轩》都是留别诗的代表作。《留别王维》表达失意后的牢骚,抒发归隐情怀;《念奴娇·留别辛稼轩》倾诉落拓不遇的感慨,表达归隐之意。

留别诗与送别诗,一"留"一"送",写作意图、"读者意识"不同,不能混淆。"留别诗"远行的是自己,感慨自我超越感激亲朋;"送别诗"远行的是亲朋,祝愿亲朋超越自我抒怀。

那《梦游天姥吟留别》到底是哪一类诗歌呢?

先从题目解读开始分析。

"吟"点明诗体,属于"歌行体"。"歌行体"是中国古诗的一种体裁,格律、音节比较自由,多叙事。"梦游天姥"是诗歌内容。梦中游历天姥山,有情节、有悬念,令人浮想联翩,急于一探究竟。李白不仅诗才绝世,更是悬念大师。

"留别"点明了这首诗的写作目的:留给东鲁朋友。

题目一分为三,各司其职。诗体、内容、目的,哪一个是重点?

"吟"这一诗歌体裁,是"必备知识",是教学重点。

"梦游天姥"是诗歌内容,是分析、鉴赏的重点。

"留别"是写作目的,从教学现状来看,基本淡化处理。

接下来,回顾一下历史评价。

清代沈德潜《唐诗别裁》这样评价:

"飞渡镜湖月"以下,皆言梦中所历。一路离奇灭没,恍恍惚惚,是梦境,是仙境("列缺霹雳"十二句下)。托言梦游,穷形尽相以极"洞天"之奇幻;至醒后,顿失烟霞矣。知世间行乐,亦同一梦,安能于梦中屈身权贵乎? 吾当别去,遍游名山,以终天年也。诗境虽奇,脉理极细。

传统教学设计也多遵循"诗境虽奇,脉理极细"这一说法。教师备课多着力于"梦前—梦中—梦后"的思路,"瑰丽的想象、浪漫的夸张"的手法,"梦游前倾慕天姥山、梦游中登历仙山见到仙人、梦醒后长叹抒怀"的内容,"追求自由、蔑视权贵"的主题四个重点进行设计铺展,衍化出自己的教学构想。

接下来阐释一下关于《梦游天姥吟留别》的几点新思考以及疑问。

1. 第一段,李白用比较衬托的手法,写出了"天姥山"的"境"(云霞明灭)、"大"(连天向天横)、"高"(势拔五岳掩赤城、对此欲倒东南倾)。从描写内容来看,天姥山是现实的、可见的、人人可以到达且能够攀登的,不是瀛洲"烟涛微茫信难求"。瀛洲,古代传说中的东海三座仙山之一,与蓬莱、方丈齐名。这一段描写意境开阔,笔法雄奇,但是也产生了一个问题:李白游历为什么不选择"瀛洲",而是选择天姥山?从"游仙诗"的角度来说,"瀛洲"是首选。有人可能会说,李白已经告诉我们瀛洲"实在难以找到",才选择了游历天姥山。可是,这是文学创作,文学世界与现实世界不同,文学世界可以弥补现实世界的缺憾,如游仙诗鼻祖东晋文学家郭璞,其《游仙诗》就借游历仙山蓬莱而抒发对现实的不满。依据李白放浪形骸、凛然尘外的性格,选择"仙山"瀛洲畅游,与仙人推杯换盏把酒言欢,多么潇洒超脱!但是,李白在文学世界里还是选择了真实存在的天姥山,这是为什么?

"秋来相顾尚飘蓬,未就丹砂愧葛洪。痛饮狂歌空度日,飞扬跋扈为谁雄。"唐玄宗天宝四载(745年)秋,杜甫与李白在鲁郡(今山东兖州)见面。杜甫兴从中来,提笔写下《赠李白》,"饮"之"痛","歌"之"狂",可见李白当时心情,"空度日""为谁雄",则是对李白的叹惋:李白你虽心雄万夫,而何以称雄?虽有济世之才,然焉能施展?从杜甫的追问中,我们可以侧面看出当时的李白仍然壮志在胸,渴望重用。

这样两相结合,可以回答刚才的问题,李白之所以选择天姥山,是因为现实的理想使然,或者说李白世俗化的理想追求使然。李白,即使再傲骨嶙峋,也终究无法放下现实,放下世俗的功名利禄。

2. 第二段,这一段李白完全打开了自己的想象力,在尘世与仙境中自由穿梭,在梦境与现实中寻找自我。李白瑰丽奇绝的想象如同鲲鹏的双翼,载着自己"一夜飞度",如同飞天,轻盈潇洒,壮丽热烈。此时的李白是忘我的、投入的,甚至疯癫的,这一点与我们的心理完全相同,试想,当我们一旦有了某种理想,跃跃欲试之际,是不是内心就会被各种美好充满?当美好降临,我们是不是无比自信且热情如火?这样看来,李白是"诗仙",也是我们一样的凡人。

到达"剡溪"之后,李白精神上先与谢灵运会晤了一番。李白此处为何一定要提到谢灵运呢?仅仅是因为谢灵运喜欢游山玩水,到过天姥山?笔者认为这样理解过于肤浅,用典的特殊性在于,典故里的人与诗人只有精神共鸣,才能发挥作用。如东坡在《念奴娇·赤壁怀古》中以周瑜为例,如稼轩在《永遇乐·京口北固亭怀古》中提及廉颇,都是因为思之慕之,借古人写自己才使用的。钟嵘评价谢灵运"才高词盛",李白与谢灵运在才华、性情上,相似度很高,正是因为精神的共鸣才让李白写到此处,非用谢灵运一例吧。

接下来,李白开始攀登,一开始,气定神闲,轻松欢愉,后来到了半山腰,在层峦叠嶂中迷了路,但心情仍然不错,迷恋着花,依倚着石,夜晚来临,熊咆龙吟,深林战栗,有了一种仙人来临前的威严;然后,云烟弥漫、仙府石门洞开,李白在梦境中终于走近了他向往已久的仙境,看到了辉煌流丽的神仙世界。李白望着近在咫尺的仙境叹为观止,却在一阵惊悸中醒来。

问题又来了:为什么李白非要自己见到仙人时,一定醒来?为什么不接着写下去,与仙人称兄道弟,肆意狂欢?

天宝三年,李白赐金放还,远离京城,才有了这次漫长的游历。游历到东鲁,被友人盛情款待,对李白来说,这是一次很好的自我修复过程。但是李白在长安遭遇权贵排挤的痛苦经历,不可能因为盛情款待而遗忘;自己的政治理想,也不可能在游历中被消解。李白被唐玄宗征召入京,激动地写下"仰天大笑出门去,我辈岂是蓬蒿人";李白被朝廷排挤抹黑,悲抑地写下"长风破浪会有时,直挂云帆济沧海";李白被赐金放还八年之后,豪迈地写下"天生我材必有用,千金散尽还复来"。这些诗句连成一条线,让我们看见了李白的心路历程,李白从来没有放弃过自己的政治抱负。再回到前面的问题,为什么李白此刻一定要让自己醒来?这首诗是李白创作的,他完全可以让自己在梦中大展宏图,梦想成真。但是,李白没有这样写,而是非常清醒地让自己从梦境中的仙境,回到了现实中的"长嗟"。

回到"留别诗"的角度回答这个问题,或许能找到答案,因为这首诗是写给东鲁友人的,李白在诗歌中幻化了现实,指向了朝廷(仙人盛会),演绎了自己官场的起起伏伏,即使文学作品可以艺术化,但也不能失真,而且自古以来,"诗言志",诗歌的功能是抒发情感表达情怀体现情思的,而情感思想,怎么能造假?

弗洛伊德说,梦是一个人与自己内心的真实对话。《梦游天姥吟留别》中的李白与现实中的李白,来了一场拉锯战,或许,梦中的李白,多么想进入仙人的世界,而现实中的李白,冷漠地告诉他,这完全不可能。因为现实一旦发生,就不可更改。

回到现实,即使"魂悸",即使"恍动",也会让东鲁友人,觉得李白抗打抗压,还是那个既浪漫峭拔又现实世俗的李白。

第三段,李白起笔写"世间行乐亦如此"。这句话中的"行乐"有三重意思:一是"梦中游乐",一是"宴别之乐",一是"人生之乐"。"梦中游乐",即第二段写的梦游天姥山之乐;"宴别之乐"是因为古人喜饯别,李白之远离,饯别自不可少,推杯换盏之乐,自是有之;"人生之乐"是指李白的人生态度,李白的人生观中,儒道思想皆有,如这一段中的"白鹿",就是道教神兽,体现了道教思想,李白的诗歌,总是弥漫着一股超然出尘之气,道教思想经常占了上风,体现出李白的峭拔脱俗。

这一段的"安能摧眉折腰事权贵,使我不得开心颜",是千古名句,被世人推崇备至。如上文引用的沈德潜的评价,代表了大众观点。在封建王朝等级森严的制度之下,官本位思想根深蒂固。"权贵"的至高无上,形成了一种畸形的人际关系。尤其是有思想又清高的文人墨客,对待"权贵"是爱之恨之,亦有骨气傲然如李白者,不事权贵,行乐世间。(实际上,李白也做不到)

漫长的封建社会,官场文化深入人心,形成了"集体无意识",加之文人思想与政治话语经常针锋相对,所以当人们看到"安能摧眉折腰事权贵,使我不得开心颜"这样解恨的句子时,自是将之作为重点。

问题来了,这是重点不错,从整首诗的角度来看,难道李白临别,只是告诉东鲁友人,李白我不可能侍奉权贵,你们放心?关键是李白因为不侍奉权贵,已经被逐出京!

这一段中,有一句我们绝对不能忽视,即"古来万事东流水"。既然万事皆东流,我们该怎么办呢?李白的答案是"世间行乐"。

我们不要把"世间行乐"误读,不要按照现在世俗社会的理解去观照李白,在我们的现代语境中,"行乐"往往带有贬义色彩,传递出的是一种不思进取、玩世不恭的消极人生观,说白了,是对自己不负责任的表现。李白在《梦游》中的"行乐",既是他自己人生观的一种体现,李白之所以自成一格,豪迈飘逸,与他的人生观密不可分,这是他受后人喜爱推崇的加分项;又是他安慰友人所折射出的豁达粗犷,要远游了,表现出"结发事远游,逍遥观四方"的豪迈,为自己壮行,让友人放心,总不能写"远游眼底故交少,晚岁人间乐事稀"让友人担心吧。

这样看来,立足"留别诗",诗歌的主题就更加丰富了。在传统解读的基础上,可以加上对"行乐"的客观分析,以此体现李白的思想和写作这首诗的目的。

茨威格说，文学的深层意义，就是对生命本质的无穷探索。李白通过文学构建的梦境来探索自己。我们通过李白的作品来探索李白。不论谁探索谁，过程都是艰难的、不确定的、要不断推翻重来反复求索的。李白在自己构建的文学世界里，对自己进行了一次深度剖析；我们品读《梦游》，在尊重传统评价的基础上，对李白和文本进行了一次符合逻辑的重构。

文本的解读和结论的得出必须符合逻辑，这需要我们具备文本意识，更需要不断打破壁垒，构建新知。

（31）教学反思
《劝学》到底应该怎么教？

《劝学》展现了两千多年前荀子对学习问题的朴素认识。随着科技的发展，互联网、人工智能等新技术不断涌现，我们今天学习的方式、意义等都有所变化。

针对当下学习中存在的某些问题，以《"劝学"新说》为题，写一篇文章。

该作文材料具有三个特点：教考结合、紧扣时代、凸显辩证思维。作文命题质量很高，凸显了《高中语文课程标准》的核心素养和课程目标。

拉尔夫·泰勒在《课程与教学的基本原理》中提到这样一个观点："只有当学生发现现实生活中遇到的情境与学习时发生的情境之间有相似性时，他才更有可能运用己之所学。"（拉尔夫·泰勒，2014）这则作文材料的命制充分考虑了泰勒的观点，如果教学内容与现实情境关系不大，要求学生结合当下时代特征思考学习方法、意义，并辩证地看待《劝学》，赋予其新的时代内涵，其难度可想而知。

进一步说，我们教师在上课时，又该如何结合当今时代特点对《劝学》进行"新说"，真正赋予《劝学》以新的时代价值？

《劝学》浅显易懂，运用比喻和类比的说理方式，把抽象深奥的道理生动形象地阐释出来。这种说理方式特别值得学习,两千年前的荀子为了把自己的"学习观"表达得通俗易懂,选择了比喻论证和类比论证。荀子严谨治学的态度本身就是《劝学》的重要组成部分,授课过程中要对此进行恰当的说明,以指引学生的学习。不过话说回来,授课篇目是《劝学》,讲解主题是如何"学习"以及学习的重要性,本身就应本着严谨治学、立足现实的态度,发挥文本的实用价值和育人功能。

"学习提示"有这样一段文字:

阅读时,要注意联系作者的思想主张和写作背景来理解文章的观点,分析作者提出观点的依据。例如,荀子为何如此强调后天学习的重要性?这需要结合荀子的"性恶论"来理解。还可以结合今天的社会生活,说说荀子的学习观中,哪些仍然值得借鉴,哪些需要更新并赋予其新的内涵。

"学习提示"的要点有两个:理解荀子的"学习观"需要联系荀子的思想主张和写作背景;荀子的"学习观"放在今天,有的可以借鉴,有的需要更新并赋予新的内涵。

从这两个要点出发,教学内容、授课思路的设计就会发生巨大的变化。

第一个要点包含两个方面,一是荀子写作本文的思想源头,即"性恶论";二是本文诞生的政治土壤,即战国七雄争霸天下所导致的百姓疾苦和王权混乱。在个人思想和时代背景的双重促使下,荀子写出了千古奇文《劝学》,旨在推动"君子博学而日参省乎己",以达到"知明而行无过""积善成德,而神明自得"的理想境界。

基于此,第一个教学要点确立为对荀子"性恶论"的阐释和以此为出发点对学习功能的说明。荀子"性恶论"思想的核心是"道德观念并非上天赋予,而是后天环境和教育对人的影响"。通过对"性恶论"的深入探讨,教师帮助学生充分认识到这一点:金无足赤,人无完人,既有天赋异禀,也有天生残缺,优点缺点与我们相伴终生。接受教育和不断学习的目的,可以实现智慧的提升和人性的完善(注意,《劝学》一文,并没有涉及知识上的学习,厘清这一点,才能基于"性恶论"阐释通过"学习"实现"性善"的目的)。通过与学生的交流探讨,让学生充分认识到后天学习的重要性,而且荀子"学不可以已"的观点,放在今天,更具有深刻的现实意义。在一个科技革命日新月异从而推动知识倍速迭代的时代,终身学习观已成为个人发展和社会进步的重要驱动力。教师通过授课正确引导学生思考并实践"生命不息,学习不止"的理念,让主动学习成为一种习惯和追求卓越的生活态度,拒绝躺平和摆烂,做自己生命的主人。

此处可以设计一次大讨论,基于"性恶论",讨论学习的意义。大讨论一举两得,既可以规避学生对"性恶论"进行简单的字面理解,甚至曲解其意;又可以让学生结合实际,探讨学习与个人成长之间的内在联系,以及如何在现代社会中有效运用终身学习的理念来塑造更加完善的自我。

第二个教学重点的设定,基于第一个教学重点的学习和探讨,学生通过教师的引领和启发,对第一个教学重点有了清晰明了的认识之后,进行一次审辩式思维的深度训练。

当下的中国教育,习惯于让学生找出标准答案,习惯于将标准答案告诉学生,甚至如果学生哪道题不会做,教师会让学生先研究答案,再研究题目。在这样的教育环境中,学生迫切地寻找标准答案,逐渐丧失质疑和创新精神。

审辩式思维的基本特征,谢小庆用一二个字概括为"不懈质疑,包容异见,力行担责"。

"质疑精神"是审辩式思维的核心,持有质疑精神并不是否定和拒绝别人的观点,而是在经过独立思考后,能够准确判断自己的想法是否正确,以此来决定是接受还是拒绝别人的观点。

"包容异见"是指具有审辩式思维的人同时也具有元认知能力,即一个人具有"双向质疑"的能力,既质疑他人,也质疑自己。通过对自己思维的判断,最终得出准确的结论。

"力行担责"是指面对复杂、艰难的选择,一个人勇敢、果断地做出选择并付诸行动,并坦然面对行动的后果,承担自己的责任。(谢小庆,刘慧,2016)

以上三点基本特征,构成了一个人完整的逻辑思维过程——质疑对方,质疑自己,做出判断,付诸行动,而且不论结果如何,都能坦然接受。如果教师培养的学生具备了这种能力,功莫大焉!

第二个教学重点是探讨《劝学》中荀子的"学习观"。"学习提示"中提到,

"荀子的学习观中,哪些仍然值得借鉴,哪些需要更新并赋予其新的内涵",这个问题就是基于审辩式思维提出的。《劝学》一文中荀子的"学习观"有四个,分别如下:学不可以已;君子博学而日参省乎己,则知明而行无过矣;君子生非异也,善假于物也;积善成德,而神明自得,圣心备焉。

第一个观点在第一个教学要点中已经论及,此处不再讨论。重点讨论其他三个。其他三个观点,只要深入探讨,都能发现其逻辑不严密之处,而这也正是进行审辩式思维训练的意义所在。

"君子博学而日参省乎己,则知明而行无过矣",这句话放在今天,用审辩式思维来看,存在说理漏洞。当今社会的特点之一是信息爆炸、知识更新迅速,仅靠"博学"难以应对,而且不加选择地学习,泥沙俱下,容易导致认知错误,"知明"根本无从谈起。"行无过矣"在当下亦更需审视,行为无过错需要建立在动态认知的基础上,例如在中国行车,靠右驾驶正确,但是到了英国等国家,靠左驾驶才正确。认知僵化或者不知变通,到了其他国家会导致行动的错误。因此,审辩式思维要求学生在学习过程中不断反思和调整,灵活应对不同情境,才能真正实现"知明而行无过"。

"善假于物"放在今天同样需要重新审视。信息时代单靠借鉴他人经验的做法已经过时,他人的经验再好,一味借鉴最多是亦步亦趋,失去自我。当今社会重视技术研发,如何做到从无到有,从有到优,需要结合自身实际进行科技创新。杜威说:"学习是思考的结果。"如果从学生时代开始,就培养良好的审辩式思维能力,主动思考,不断质疑,勇于假设,积极探究,对于科技创新,我们已经赢在了起跑线上。

"积善成德,而神明自得,圣心备焉"翻译成现代汉语是:积累善行,形成良好的品德,就会得到非凡的智慧,具备圣人的心怀。良好的品德与非凡的智慧,存在因果关系吗?现在看来,智慧的获得与品德好坏关系不大,高智商犯罪的人,其德行一定是恶劣的。荀子的观点在远古时期是成立的,民风淳朴,宅心仁厚,良好的品德本身就是睿智的代名词。时至今日,世界纷繁复杂,社会暗流涌动,我们看待问题的视角、方式日益多元灵活,与时俱进本身就是一种审辩式思维的体现。

通过教学重点的重新设计，我们发现，文本的价值只有放在时代背景之下，才能真正发挥出来。传统授课方式基本是疏通文义，讲解重点字词，这样的学习以记忆和拷贝为主，所以即使讲解《劝学》，告诉学生如何学习，实际上我们做的也不是真正关于学习的事情。

《劝学》一文，闪烁着荀子智慧的光芒，如同一盏明灯，洞穿历史云烟，为后世带来智慧的启迪。荀子的"学习观"在多元文化交融、信息瞬息万变的今天，进行批判性吸收与创新性发展，才能发挥其符合时代需求的价值。教师的责任是以问题为导向，鼓励学生大胆质疑，激发学生的探究欲望。教学重点只有放在思维的培养和训练上，才能保证学校育人的立足点和方向的正确性，学生的发展方向才真正符合成长规律。

㉜ 教学反思

《师说》中的"传道受业解惑"如何进行现代解读？

2025年1月9日，"深圳南山因为期末试卷太难延时20分钟！"冲上热搜，引发社会各界热议。"试卷太难"主要有三个原因：一是试题过多；二是试卷阅读量过大；三是问题情境化，学生没有相应的生活经验而不知所云。当地教育局面对质疑回应道："新课程标准颁布以来，国家义务教育的质量监测命题方向和重点都发生了比较大的转变，就是希望通过这个义务教育阶段的学习，让学生逐步用数学的眼光来观察现实世界、进行思考。"从回应来看，试题命制基于新课程标准，合理合规，不存在问题。但是，不论是家长还是专家，对此都并不买账，一位清华大学毕业的学生家长气愤地说："不要觉得大语文时代就可以搞几个成语、几段古文扯到数学卷子上，觉得提升了试卷水平，真正的数学永远凝练在简洁的几段符号中，而不是散在一堆没有用的文字信息中。"这位家长的观点获赞无数。的确如此，这套数学试卷共36道题（有的试题两问或者三问），包括33道必答题，3道附加题（选做），共6页，对于四年级的学生来说，的确是题目多且信息量大，成语、神话、社会现象等均有涉及，学科融合更是导致思维难度加大，从容驾驭实属不易。不过，也有部分家长对试题表示满意，认为"考查的知识并没有超纲，只不过是更考查综合能力""题目更生活化，更联系实际了，第一次难免阵痛，以后就习惯了"。国家级骨干教师、中国数学奥林匹克高级教练黄东坡，对这份试卷褒贬不一："情境化、跨学科、增加阅读量，这是新中考新高考的新特点，但凡事要有度，否则只有形式而脱离学生的学习实际、能力水平和思维状况。"黄东坡指出，找到适量阅读与高阶思维的契合点，且突出对数学本质的考查才是正道，否则只能是形式大于内容，热闹一时。（光明社教育家，2025）

2020 年，北京、天津、山东、海南进入新高考，《普通高中课程方案和课程标准（2020 年修订版）》《中国高考评价体系》陆续发布，对新高考进行了权威解读和政策说明。《义务教育课程方案和课程标准（2022 年版）》于 2022 年发布，至此，新课程改革贯通了中小学，成为一个有机整体；教学政策、教学理论、教学实践贯通为一体，教学面貌彻底改变；并以高考、中考试题的"变脸"，带动课程改革，推进教学改革。"三新"，即新教材、新课标、新高考成为教科研的重点和常态。教学实践和社会认识需要一个循序渐进的过程，其间引发争议在所难免。自 2020 年新高考以来，每年高考结束，都会出现对高考试题的全国大讨论，争论不断，褒贬都有。大讨论的显著后果是带动学校课程大改革。深圳南山区四年级的数学考试形成的涟漪效应，大有近几年高考结束后社会大讨论之态势。不论是高考后的大讨论，还是南山区四年级数学考试引发的大讨论，之所以都能形成社会性事件，关键在于日常教学内容与考试内容的不对等、不匹配，反映出的问题是家长对于考试的关注远远超过对于日常教学的关注，当急功近利成为一种普遍现象时，势必引发更大的舆论海啸，导致舆情的偏离和争论的风暴。

如何解决这一问题？政策自上而下制定，导向自上而下传达，以高考为例，近几年新高考引发的社会大讨论，已经逐渐引领高中生、高中生家长对高中学习的认识有了质的转变。深圳南山区四年级数学考试引发社会争议这一现象，应该在接下来的几年里都会出现，各地教育系统对课程标准的积极探索和通过考试让政策有效落地、通过考试以"引导教学"的做法会持续推进，当人们逐渐了解新课程新考试的特点后，就会开始向内审视，从家庭教育入手，积极配合教育改革。

新时代的教师，第一要务是真正吃透最新课程标准、考试评价体系。高屋建瓴的政策方针是教师进行教学实践的依据和方向，方向对了，道路才能走对。学校对新课程新考试的探究不可能一步到位，教师对新课程新考试的探究也不可能一蹴而就，需要一个持续深入的过程。信息化时代瞬息万变，大数据、人工智能不断推动教育改革，葆有一颗不断进取、学习的心至关重要。

教师要把政策理论与教学实践有机结合，这是教学的核心。教学实践是一个动态过程，每节课因内容不同而不同，同一节课因学生不同而不同，新技术的介入使得课堂生态不断变化。教学不能虚头巴脑，务实求真才能教书育人，教学过程不是将政策理论简单地传递出来，而是将政策理论巧妙融入教学的细节中，将政策理论具象化。例如，问题情境化如何在教学过程中有效体现？学科素养与生活实际如何有机融合？跨学科是不是考几个成语就能凸显数学学科素养？一切知识都是为了解决生活中的实际问题，对于教师（包括命题者）而言，基于学科素养的教学设计和试题命制才是正确的出发点，切勿哗众取宠，切勿喧宾夺主，切勿故弄玄虚，切勿脱离实际，扎扎实实理解政策，实实在在教研教学，培养学生解决问题的能力，重视学生的假设质疑，培养学生审辩思维。

让我们再来回顾一下高考评价体系中的"一核""四层""四翼"。"一核"是高考的核心功能，即"立德树人、服务选才、引导教学"；"四层"是高考的考查内容，即"核心价值、学科素养、关键能力、必备知识"；"四翼"是高考的考查要求，即"基础性、综合性、应用性、创新性"。（中华人民共和国教育部考试中心，2020）高考如此考，教学就应如此教。高考评价体系不仅仅是"服务选才"，更是"引导教学"，教学是一个持久的过程，或者说，学生学习是一个持久的过程，从学生入校的第一天起，遵循课程标准和评价体系，进行教学设计和实践，做到教考合一。

既然回答"考什么"的"四层"说明了高考的考查内容，从教育教学的角度来看，也说明了素质教育的目标。（掌握必备知识是前提，关键能力指向生活实践和学习探索，但离不开"问题情境"；学科素养重点在于"运用科学的思维方法"；核心价值的核心是"正确的情感态度和价值观"。)四者紧密关联，环环相扣，构成一个相互融合的有机整体。高考评价体系将"引导教学"纳入核心功能，旨在让教师增强"以考促学"的主动意识，实现"以考促教、以考促学"的目的。基于成长规律和发展需求，国家制定的教育政策方针是教学和考试的指挥棒，教师只有将有关教育的政策方针理解透彻，才能成功转化为教育实践。

阐释"师道不可废"的千古奇文《师说》开宗明义，"古之学者必有师。师者，所以传道受业解惑也"。可见，教师的责任和使命至关重要，具有不可替代性。时至今日，教师传授知识的功能还那么重要吗？学校的"围墙"正在逐渐"消失"，学生对于学习内容、方式、环境的选择日益多元，甚至可以离开学校，在家借助网络的各种教学资源完成学业，尤其是人工智能的发展，使得获取知识、解决问题的途径日益便捷，ChatGPT、DeepSeek的横空出世对传统教学模式具有颠覆性，可见，在信息化时代，学校和教师的育人功能受到了很大的挑战。

实际情况并非如此。难怪南山区四年级数学考试引发的争议指向了"考"与"教"的关系。"教的是一滴水，考的却是太平洋"，这句话于无奈中把矛头指向了"教"的现状和功能。再回到高考评价体系"四层"的具体内容，学生可以从网络资源中获得知识，而关键能力、学科素养、核心价值的培养，网络教学无法完成。叶圣陶说，教育是农业，不是工业。培养学生如同培育种子，除了必要的阳光、空气、水分，更需要耐心和爱心。再者，学生的成长充满变数，大数据能够对变数及时发现，但是充满爱的问题解决过程，则无法给予。任何时期，教育都离不开教师。必备知识有哪些？关键能力如何培养？如何设置真实合理的问题情境培养学生的思辨思维、聚焦学科素养？这些都需要在日常教学中，用心思考，精心设计，不断反思，不断守成，更需要不断基于现实进行创新，基于真实问题情境的教学，才能培养学生的关键能力、核心素养。"真实问题情境"不是一个固定值，而是一个独一无二、不可复制粘贴的过程，具有独特性、突发性、唯一性的特点，基于问题情境的教学，实际上是在新情境下培养解决问题的能力，这才是真正的聚焦学科素养和核心价值。

所以，在当今社会，需要赋予"传道受业解惑"新的内涵。

考查方式巨变释放的信号，说明课堂教学到了不改不行的地步，改革的第一责任人便是教师。"彼童子之师,授之书而习其句读者,非吾所谓传其道解其惑者也",《师说》的这句话放在今天仍然具有强烈的警示意义。教师要传的"道"、授的"业"、解的"惑",只有基于课程标准才能符合学生成长规律和社会发展需求,才能体现时代价值和培养优秀人才。

做一名符合时代需求的教师,要做到以下几点。

一是积极参加培训。通过培训,充分了解国家的教育政策、改革动向、育人目标、考查方式,充分认识到教学改革势在必行,要积极参与,主动而为。如果教师对课程标准认识不充分,理解不到位,可以借助培训了解新课程标准的要求和由此带来的考试变革动向。教学实践在政策理论的指导下,精准落地。

二是大量阅读各种教育教学文章。借助教改类、考试解读类文章,深入领悟课标的具体内涵和课改要求。自上而下的教改政策,具有宏观性、理论性、整体性,具体到学科教学和考查方式,需要抽丝剥茧式的解读说明,党媒报纸、核心期刊、知名的公众号等刊发的文章,都能够给予具体而微的剖析、指导。

三是深入研究考试试题。考试"引导教学"的功能使得试卷的命制,充分体现新课程标准和考试评价体系的价值导向,"以考促教、以考促学"是考试的目的,研究试题以助推自己改变教育思想,改变教学实践,真正理顺教考关系,实现课堂教学的转变。

四是形成教学的科学认知。课堂改革、考试改革已经全面铺开,教师不能坐以待毙,而应顺势而为,通过培训、学习、探究,成为新课程标准的学习者、研究者、推动者、执行者,通过改变课堂学习方式,带动自我发展,助推学校发展,成为学生成长的引路人。

当今时代,AI 已经进入寻常百姓家,其发展速度超出了想象,使得教育的变革深刻而恒久。教师应秉承"传道受业解惑"的宗旨,在时代巨变中,与时俱进,顺势而为,从而保障自己的发展,培养出符合时代需求的人才。当然,命题人担负着正确落实国家教育政策的重任,应严谨务实,遵循规律,依据教育政策,从实际出发,或者,从儿童视角看待学习或者考试,更能够找到适切自洽的命题路径。

33 写作指导

用"放出眼光，运用脑髓，
自己来拿"思考《拿来主义》的论证逻辑

《拿来主义》写于 1934 年，当时国民政府崇洋媚外，大肆出卖民族文化遗产，同时革命文艺阵线内部错误倾向严重，忽视民族文化遗产中的积极因素，对历史文化全盘否定，同时对西洋文化盲目崇拜，主张全盘吸收。当时中国内忧外患，日军侵略日益深入，国民政府的崇洋媚外加剧了国家沦陷的进程，整个中国暗无天日，前途堪忧。

国破家亡的紧要关头，鲁迅以笔为剑，以墨为锋，以字为刃，高举正义的大纛，积极投身正义的战斗。《拿来主义》作为经典之作，具有极强的社会功能和育人价值，尤其是文章观点"放出眼光，运用脑髓，自己来拿"，力透纸背，颠扑不灭。《拿来主义》作为一篇论述类文本，论证思路、论证方法可圈可点，可学可用。

我们不妨"放出眼光，运用脑髓"，"拿"来《拿来主义》的论证思路，形成自己的"学习之道"，提升思维能力和写作水平。

首先，我们分析一下文中四个"主义"之间的逻辑关系。

一是"送去主义"和"闭关主义"的逻辑关系。

文章开头写了"闭关主义"之后，接着提出"送去主义"，两者相辅相成，逻辑严密；同时相反相成，对比鲜明，对国民政府和文艺阵线的错误做法进行了直观说明和辛辣讽刺。

众所周知，"闭关主义"是指晚清政府闭关自守不与国外进行任何往来的一种国家政策，严重影响了社会的发展进步。鲁迅说"中国一向是所谓'闭关主义'"，"一向"一词，可见鲁迅对"闭关主义"的极力反对。既然我们"一向""自己不去，别人也不许来"，那"送去主义"是怎么来的？原来"自从给枪炮打破了大门之后,又碰了一串钉子",就"成了什么都是'送去主义'了"。"闭关主义"和"送去主义",在鲁迅嬉笑怒骂皆成文章的写作风格中,建立了必然的因果联系。

"送去主义"是一个新概念,进行概念阐释,理清说透,是议论文写作的必要,否则,读者不明就里,理解不了,导致所说之理难以成立。不过,鲁迅此处并没有采用常规写法,而是立足社会现象,以实例具体说明"送去主义"的实质。"别的且不说罢,单是学艺上的东西",这句话一举两得,体现了论证的周全严谨。为什么"别的且不说"?因为本文围绕"民族文化遗产"展开,说"别的"会偏离主题。那这句话多余吗?能删去吗?不多余,不能删。这句话说明"送去主义"的涵盖面之大,说明"学艺上的东西"只是其中的一小部分。由此可见,本文论证逻辑滴水不漏,严丝合缝,论证过程无懈可击。

"学艺"上的"送去主义"表现为:送"古董""古画""新画",然后送"梅兰芳"。这一路送去,"活人替代了古董",鲁迅说这是"进步",反话正说,形成了独特的论证效果,辛辣的讽刺力透纸背。

然后,鲁迅说:"但我们没有人根据了'礼尚往来'的仪节,说道:拿来!"寥寥数语,振聋发聩,为不朽之作再添精彩一笔。

"礼尚往来"是优秀的民族文化遗产。来而不往非礼也,"尚礼"同样是西方文明的重要组成部分。这句话直言不讳地指出当时国民政府隔断历史、摒弃优秀历史文化的错误做法,揭示了西方社会没有因为我们"送去"就"文明"地回赠我们这一事实。西方社会"野蛮"地送来了"枪炮",我们被吓怕了,只能卑躬屈膝一味"送去",崇洋媚外的丑态毕露无遗,这是何其悲哀,何其不幸!文中的"拿来"一词,充满愤慨,议论讲究逻辑贯通,鲁迅在此处又加了情感色彩,情理兼备,具有说服力和感染力。

此处独立成段,不在于内容的多少,而在于情绪价值的传递。黑塞在《读书:目的和前提》中说:"对每一部思想家或作家的杰作的深入理解,都会使你感到满足和幸福……不是因为获得了僵死的知识,而是有了鲜活的意识和理解。"优秀作品不是一潭死水,而是源头活水,能够激发读者内心深处的潜意识,引发对社会现实的深刻思考和热切观照。《拿来主义》行文至此虽然只是两段，但因其逻辑的滴水不漏和说理的深入浅出，读者已经完全感受到了鲁迅的写作意图，内心激荡起思想的巨浪和情感的罡风，产生了深沉的思考。

二是"送去主义"和"送来主义"的逻辑关系。

第三段，鲁迅充分发挥归谬法的说理优势，顺着国民政府的"送去主义"往下说开去，说"送出去"不是"坏事情"，因为可以"见得丰富"和"见得大度"。"见得"一词用得好！为什么不用"显得"而用"见得"？两者的区别在于动作的发出者不同。"显得"的发出者是自己，"见得"的发出者既可以是自己，更可以是对方。国民政府实行"送去主义"的目的何在？崇洋媚外！所以，"见得"一箭双雕，既内含着国民政府自高自大招摇显摆，又内含着国民政府自轻自贱巴结讨好。

归谬法先假定对方观点正确，然后顺着对方的观点进行推导，最终却得出了荒谬的结论，从而驳倒了对方观点。归谬法是一种驳论手段，有一种明修栈道暗度陈仓的谋略，体现了作者逻辑思维的深刻性和严密性。鲁迅对"送去主义"表示赞成之后，接着运用比喻论证，以"尼采自诩是太阳"为例，说明"送去主义"的最终结局：尼采不是太阳，最终发了疯；国民政府不是永远丰富和大度，早晚要亡国，到那时"拿不出东西来，只好磕头贺喜，讨一点残羹冷炙做奖赏"。

鲁迅接着说，这种奖赏，不是"抛来"的，是"抛给"的。"抛"与上文的"礼尚往来"一段相呼应，一针见血，揭示西方文明只会送给我们"枪炮"，大肆侵略，遑论"礼尚往来"！"抛给"的"给"带着深思熟虑，目的性强，说明你只配得到这些，被殖民的命运理所当然；而"抛来"只是一个常规动作，扔过来而已，基本不带有主观意志。由"抛给"可见，西方文明只想凌驾于他人之上，是一种赤裸裸的侵略！鲁迅洞若观火，通过归谬法有力反驳后，又大胆假设推理，推断出几百年之后一味"送去"的后果，并掷地有声地说道："这是'抛给'的，说得冠冕些，可以称之为'送来'。""抛给"这一动作，上升为政策，就是"送来主义"，国民政府"一味送去"，最终换来的只是丧权辱国，自取其辱！

这两段文字，鲁迅通过归谬法、推理法，构建了一个完整的逻辑链条，滴水不漏。

"闭关主义""送去主义""送来主义",为引出"拿来主义"这一论题蓄势已足,尤其是对"送去主义"深入精辟的论证,将对方批驳得体无完肤。逻辑是思维的规则,如同溪流,自然而欢快地流淌,论题"拿来主义"在前文三个主义论证的基础上,自然引出,水到渠成。

接下来,分析"拿来主义"的形象化论证。

逻辑思维,如果过于抽象,就远离了人间烟火不再亲民,即使再高级的论证,也只能曲高和寡,难以引起共鸣。

鲁迅用实例说明"送去主义"的内涵,对"拿来主义"则采用了不同的论证方式,首先进行了概念界定:我们要运用脑髓,放出眼光,自己来拿!

这句话的前边,还有一个词语"所以"。

也就是说,"我们要运用脑髓,放出眼光,自己来拿!"是一个结论,由上文论证推理得出。既然是结论,必须讲逻辑。前文已经论证过,前三个"主义"逻辑上环环相扣,层层递进,是一个逻辑的闭环,在国难当头之际,"拿来主义"顺势而出,这是解除国难的必然选择。

那这个结论,应该如何论证?在论证逻辑和论证思路上,如何展开?

鲁迅选择了比喻论证,举重若轻,解决了论证难题。

鲁迅为了把"拿来主义"说明白,先从反面假设,赋予了"穷青年"三种角色:孱头、昏蛋、废物。这三种角色对待"老宅子"(象征历史文化)的态度或顾虑重重,或简单粗暴,或完全接受,在鲁迅看来,这三种态度都大错特错,"'拿来主义'者是全不这样的"。

鲁迅为什么先假设三种角色? 1934 年 11 月 14 日,鲁迅在《答〈戏〉周刊编者信》中总结自己的创作初衷时如是说:"我的方法是在使读者摸不着在写自己以外的谁,一下子就推诿掉,变成旁观者,而疑心到像是写自己,又像是写一切人,由此开出反省的道路。"文中的孱头、昏蛋、废物,能够让读者在阅读时,有一种对号入座的阅读体验,疑心像是写自己,又像写身边人。写议论文的目的,是为了把自己的观点阐释透彻,把道理讲明白,并能引起读者共鸣,对作者的观点深表赞成,同时向内审视,"开出反省的道路",这就是西方所说的接受美学。

接受美学的核心是从受众出发,从接受出发。提出这一概念的是德国的姚斯,他认为,一个作品,即使印成书,读者没有阅读之前,也只是半完成品。法国文学批评家圣伯夫说,最伟大的诗人不是创作最多的那个,而是启发最多的那个。由此可见,任何作品如果没有读者,就是静止的,没有社会价值的;唯有读者阅读并被启发,作品价值才能发挥出来。鲁迅在《拿来主义》中使用比喻论证,从现实生活取材和以现实为基础进行假设,能够让读者切实反观自己或者身边人的一些做法,当读者因为作品的启发而把目光投向社会,产生自我反思和社会责任感时,"《诗》可以兴,可以观,可以群,可以怨"的社会功能就发挥到了最大。

"拿来主义"者是完全不这样的。那应该怎样? 鲁迅通过比喻论证和假设论证,指出三种错误做法之后,顺着行文逻辑,对"拿来主义"又进行了进一步解释:先"占有,挑选",然后"或使用,或存放,或毁灭",并结合"老宅子"里的东西,进行具体论述说明。这些具体做法,是对"运用脑髓,放出眼光,自己来拿"的具体阐释,总而言之,唯有擦亮眼睛,运用智慧,才能实现不论对民族文化遗产还是对西方文化的"拿来主义"。

综上所述,"拿来主义"是本文的核心,围绕"拿来主义"展开的论证严谨、生动、犀利,活泼中透着嬉笑怒骂,生动中满是辛辣讽刺。带领学生认真仔细地梳理行文思路,帮助学生对写作的思维逻辑有深入准确的认识,并能学以致用,不论在日常学习还是日后工作中,都能通过严密的逻辑思维解决问题,学习本文的价值就又增加了一分。

34 教学设计

用访谈的形式解读《子路、曾皙、冉有、公西华侍坐》

必修上第四单元"学习资源"的第二部分重点讲了"访谈法"。"访谈"是一种常见的语言类互动形式,其文稿属于信息类文本,是高中学习、考查重点,学生要具备阅读、理解、分析、应用访谈录文本的能力。"学习资源"部分从十一个方面对访谈的准备和技巧进行了具体说明。

　　在《子路、曾皙、冉有、公西华侍坐》(以下简称《侍坐》)的备课过程中,笔者深入研读文本、大量翻阅资料后,产生了一些想法,也发现了一些有研究价值的问题,力图以访谈的方式对《侍坐》一文进行一次大胆重构,以孔子为采访对象,结合孔子本人的思想和现代教育理念以及国际形势,进行文本的深入探究和适度拓展。

　　此次教学设计,以虚拟的形式进行采访对话,问题和回答都是建立在备课基础上的假设,可能会有一些偏颇之处,但的确是一次大胆的尝试。以下进行展示。

　　主持人:"您好,后世将您尊称为'万世师表',您是中国最伟大的教育家,《侍坐》一文,体现了您的教育思想,您可否简单说一下您的教育思想主要体现在哪几个方面?"

　　孔子:"我的教育思想主要包括因材施教、有教无类、启发式教学、学而优则仕等。如果放在今天来看,有些教育思想已经过时,如学而优则仕。"

　　主持人:"中国在 20 世纪 80 年代提出了'教育改变命运'的口号,跟您的'学而优则仕'很相似,带有鲜明的时代痕迹,既是时代产物,又助推时代发展。社会发展至今,教育的使命不再是改变命运而是提供机会,所以又提出了新口号,'教育重在唤醒',这样看来,教育理念也是与时俱进的。"

　　"您的四位学生在您身旁陪坐,您有压力吗?"

　　孔子:"春秋战乱,我提倡尚'礼'重'仁',学生侍坐,如果不重视'礼',压力就有了。由回答问题轻率、过于自信的态度,都是缺少'礼'的表现,让我压力倍增。谦虚有礼,韬光养晦,是我们每个人都应该具备的素养。一个中等诸侯国,遭受战祸,加之荒年,国家岌岌可危,民不聊生,由三年就可以将这个诸侯国治理得有勇知方,想法很好但轻率鲁莽,我只好一'哂'了之。"

　　主持人:"您刚才提到因材施教,这四位学生应该如何进行个性化教育?"

　　孔子:"当点问我'夫三子者之言何如'时,我只是说明了一下自己的看法,并没有针对他们的实际情况进行引导,这是我的疏漏。因材施教是扬长教育,对由辅之以礼乐教化,对赤提升自信心,在他们的优势长处上,因势利导,帮助他们成才,成长为最好的自己,这样,才能对国家发展真正有利。"

主持人："如果用今天的赏识教育来看待子路的回答，我们该怎么做呢？"

孔子："赏识教育也有它的边界，就像自信和自负，都有边界。由自不量力的想法，我们应该及时纠正。"

主持人："您说过'三人行，必有我师焉，择其善者而从之，其不善者而改之'，按照您的观点，子路也可以成为我们的老师，黑格尔说，存在即合理。子路的'不知天高地厚'放在今天，不一定是坏事。"

孔子："你说得有道理，'有勇知方'的治国理念值得肯定。有保家卫国的勇气魄力，有合乎礼仪的行事准则，文武兼备，一个国家就可长治久安。"

主持人："后来，冉有和公西华都谈了自己的理想，作为他俩的老师，您在肯定他们的同时，为什么觉得公西华的理想不够远大？"

孔子："我的这俩弟子知书达理，遵循礼乐教化。求治理诸侯国不在大，而在"足民"，尽心尽力，一心为民，是国家的福气。而且自知礼乐教化不是自己的长项，就耐心等待君子到来施礼乐布教化。求发挥长处、自避短处、谦虚自知的态度可圈可点。赤'端章甫，愿为小相'，有志于礼乐教化，但过于谦虚了，如同由，越了边界就不是好事。或许他俩看到我对由的态度才这样说的，我的情绪误导了他俩。但是不管怎么说，我的这俩弟子，重视礼乐，前途无量。"

主持人："您刚才说冉有、公西华有可能受了您'哂之'的影响改变了说法，这有点像'聪明的汉斯'。假设一下，曾皙的回答是不是也有这种可能。"

孔子："这我倒没有想过，不过我刚才评论求和赤的时候，也突然想到了点的回答。如果点志在把国家治理成一个'老者安之，朋友信之，少者怀之，使万物莫不遂其性'的理想国，我还会'与'点吗？我突然对自己产生了怀疑。"

主持人："曾皙的回答与子路、冉有、公西华似乎不在一个范围，他描绘的'春游图'高雅脱俗、和谐美好，是国家力求达到的一种状态，带有明显的理想主义，这与春秋动荡不安、群雄逐鹿的政治局面格格不入，后人将'春游图'解读为盛世太平的象征，这一点您怎么看？"

孔子："点虚构了一个与现实完全不同的大同世界，这也是我的政治理想。由、求、赤都是现实主义者，他们活在当下，致力于解决当下的问题，求真务实的态度更符合时代需求，点是理想主义者，心里装的是诗和远方，是人人向往的理想国。理想主义离不开现实主义。大司世界到底怎样才能实现？除了我主张的'仁''礼'，还需要什么？值得我和大家一块儿思考。"

主持人："从春秋时期发展到现在，已经过去两千五百年了，但当今世界仍然不太平，俄乌冲突、巴以战争已经持续了很长时间，老百姓死伤无数。您怎么看待当下的社会发展形势？"

孔子："我的思想的确可以解决很多问题，除了'仁''礼'，还有'忠恕'，都是化干戈为玉帛的良药。我们尽心为人，推己及人，也就是你们所说的要有'他人意识'，的确，'他人意识'是化解矛盾、增进友谊很好的方法。但是，我发现，现在国家之间的关系非常微妙，为了利益不择手段，强权意识、霸主地位、资源掠夺等，导致国家之间剑拔弩张，两千多年过去了；人为财死、鸟为食亡仍在延续，这是我没有想到的。只要战争不消除，大同世界的到来就会无限期地推迟。"

主持人："您的四位学生中，哪一位更能把国家治理好？如果让您选择，您会选择谁？"

孔子："本来我有答案，但是社会发展到今天，这个答案就不确定了。我想把这个问题留给读者，看看他们怎么回答。"

【小记】《侍坐》一文中，孔子没有结合回答对四位学生进行个性化指导，曾皙的观点中没有给出实现太平盛世的路径、方法。讲解《侍坐》一文，如果只是疏通文义，对比分析四人的回答，很容易走向二元对立，你对我错，思维扁平化，不利于核心素养的培养。于是，笔者大胆进行了一次尝试，穿越时空，与孔子对话，结合更新迭代的教育理念、社会形势，以文本为出发点，设想出一些问题，力求达成更好的教学效果。

课堂设计还可以更加灵活开放，采访过程中的问题，可以放手让学生设计，前提是学生通读文本，教师布置到位。教师将学生采访的问题收集之后，汇总提炼，设计成采访稿，然后再让学生回答。这种方式的特点是学生的问题可能更加多元，学生给出的答案可能更加开放，在这种情况下，学习上的争论会更多，不妨反复引导，让学生在争论中锤炼自己的思想，最终形成一个完整的闭环。

为了保证访谈效果，有必要对访谈要点进行复习；教师也可以在问题的设置上,故意加入一两个不符合访谈要求的问题,如"您的观点笔者认为已经过时,不适合时代需求"这样不能保持态度中立的问题,以考查学生是否真正掌握了访谈技巧,如此,教学能收到一举多得的良好效果。

35 写作思考

如果考场作文写剧本

2024 年高考试题共六套:新课标 I 卷、新课标 II 卷、全国甲卷、北京卷、天津卷、上海卷。其中 I 卷、II 卷、甲卷、上海卷的作文写作要求没有提及"诗歌除外"(全国卷"诗歌除外"这个提示,已经多年没有出现);天津卷仍然保留;北京卷写作包括"微写作""作文"两部分,"作文"部分有两则材料,一则要求写记叙文,一则要求写议论文,二选一即可。这样看来,除了北京、天津,其他地方的考生,写什么文体自己说了算。

但是,全国各地的考生高考时选择的文体,议论文占比最多,鲜见其他文体。几年前,《中国新闻周刊》刊发过一篇文章《高考作文的结与解》,调查的结论是:"在如今材料作文居多、强调论述文写作的大背景下,考场写议论文的比例能占到八成以上。"(杜玮,2020)这个数字或许还有所保守。

曾几何时,考生写高考作文时,文体不拘一格,小说、散文、诗歌、剧本,都有典范之作。时至今日,高三学生保险起见,写作时文体的选择越来越窄。关于高三写作的各种研讨课,无一例外聚焦议论文写作,探讨议论文写作的提分攻略,其他文体少人问津。

对于这种现象,我们不禁会问,写作的单一化是否符合新课程标准?

聚焦核心素养,培养辩证思维,引导深度思考,符合新课程标准的命题导向。核心素养导向下的作文命题,选材上更加重视思辨性和开放性,为议论文写作提供了更多可能。但议论文如此受学生"钟爱",不可否认,文体选择的单一性与课程标准的育人目标相违背。

审题上,围绕二元或者三元关系思考,紧扣材料确定观点,就不会跑题;

论点上，给抽象的道理加点文采，就保证了生动性；论据上，多运用当下事例，由点到面，深度和广度就保证了；论证上，拒绝非黑即白的二元对立，构建一个二元关系说理模型，思维的开放灵活就有了体现；行文过程，紧扣材料，紧扣时代，多以"反观"的形式聚焦社会问题，稍加批判，当代青年的社会责任感就表现了出来。

如何让学生议论文写作走向深度和广度？高三语文教师对此非常重视，作文教学思路大同小异。结合上段内容我们可以看出，议论文因为重视理性所以容易"建模"，一旦"建模"学生就有了写作依赖，拘泥于一种文体，就会导致结构单一、内容单薄、说理肤浅，缺乏创造力。加之考场作文的特殊性，作文字数、考试时间以及作文材料都有限定，学生只能按照要求写作。由于考试任务的驱使，要想提高作文质量，学生只能通过一些技巧和方法进行"包装"，以假乱真。学生掌握了这些技巧和方法后，速构议论文的能力不断提高，但是写出来的作文形式大于内容，用学生自己的话来形容，就是"好看"但没有"营养"。

这种写作现象的形成，原因主要有两个：一是学生方面的，学生学业繁重，没有时间阅读，写作积淀不够，只能寻找写作"捷径"来完成写作任务；二是教学方面的，作文教学带有明显的倾向性，以笔者教学经验为例，高中三年，多数时间在议论文教学上下功夫，因为议论文既"保分"最稳，又"增分"最快。这种写作的大环境导致不论是学生还是教师，都遵从了"剧场效应"，没有一个敢坐下来，审视反思，大胆突破，改变现状。

必修下第二单元是戏剧单元，课文有《窦娥冤（节选）》《雷雨（节选）》《哈姆雷特（节选）》。众所周知，矛盾冲突是戏剧的灵魂，有三种情况：人与环境的矛盾冲突、人与人的矛盾冲突、人内心的矛盾冲突。学习戏剧，走进戏剧人物的社会环境和内心世界，探究他们内心挣扎和矛盾的根源，激发深刻的思考、质疑和追问，这对帮助学生认识自我、了解社会和发展思维能力非常重要。

以《雷雨》为例。《雷雨》的主要人物，如周朴园、鲁侍萍、繁漪，深陷伦理道德的困境，内心矛盾冲突交织冲撞，世俗善恶好坏的评价标准无法衡量他们的言行，读者难以界定他们是好人还是坏人。这种人性的复杂，给读者带来的就是在找不到答案时难以放下而不断"二刷""三刷"，不断通过细节的研究来获取更多的思考,在追问答案的过程中,又不断质疑从而促使新的想法出现,形成一个漫长的追求真相的过程。这个过程能够触动读者内心的各种情绪,带领读者发现生活中各个隐秘的角落,探究人性的复杂。学生在情绪跌宕和真相追寻的过程中,思维能力、认知水平都得到极大的训练、提升。

以周朴园为例来看看学习过程中学生的思维变化和发展过程。周朴园利欲熏心,但旧情难忘,不论是在家里还是心里,都给侍萍留着一个角落,但是当他得知眼前站着的这个女人就是侍萍时,严厉地说:"你来干什么?""谁指使你来的?"这两句话将周朴园的形象彻底颠覆,学生在不断质疑和重构之后,陷入深思:周朴园到底是个什么样的人?我们怎么评价他?他是好人?不是,他抛弃了侍萍,对繁漪冷漠专横,发断子绝孙的昧心财。他是坏人?也不完全是,他对侍萍念念不忘,而且强令周萍认侍萍这个母亲。周朴园时而无情时而温情,有时温柔但更多时候冷酷,极度自私贪婪但人性未泯。学生在评价周朴园时,总会陷入两难的思维冲突,善恶好坏的二元对立荡然无存,复杂的人性令学生的思维受到严峻的考验,在质疑和追问中走向深刻。

矛盾冲突的内核是人性的复杂,需要通过丰富的教学实践来保证学习效果。围绕"教-学-评"一致性组织教学,需要充分的时间保证教学实践的合理设计、有效实施。首先,保证课时充足,好的文本需要足够的时间鉴赏分析、消化吸收,浅尝辄止、走马观花是教育的天敌;其次,组织各种活动拓展强化学习效果,如排演话剧、举办文学沙龙、开展辩论赛,让学生真正成为学习的组织者、参与者、感受者、评价者,真实的体验易于激发质疑、假设,并促使学生不断检验质疑、假设,这些深入的思考有助于发展学生的批判性思维。

以"矛盾冲突"为主题的教学设计,旨在让学生深入认识社会、人性的复杂。善恶可以转换,好坏难以分辨,不同情境下的人性是不同的,以习得的认知观照现实世界,就能更加明白"扶不扶"面临的选择困境,"不扶"不一定是出于人性狭隘自私,可能是出于对环境的缜密分析,是理智的决定;"扶"不一定代表着友善,可能是为了摆拍作秀,是一种自私自利。当学生面对一个问题,有了不同角度、不同层次的思考并能做出合理判断时,他们不仅能够获得高阶思维,而且能获得更多的创造力。

聚焦核心素养的教育改革,实施起来并非一帆风顺,新高考以来,试题的命制越来越灵活,越来越指向关键能力和核心素养的考查,理解、思考的难度加大在所难免。学生和教师都会发出这样的疑问:语文考试150分钟,写作的时间不会多于60分钟,学生怎么有时间进行深入构思和写作?这个疑问潜藏着的两个信息值得我们重视。一是我们还没有开始尝试,就对写剧本等积极的教学探索产生了怀疑,故步自封的思想无法引领学生思维发展,无法提升学生的素养。二是我们对新课标的理解不到位、不正确,例如,2024年新课标Ⅰ卷的22题是一道开放题,问题是:"文中画波浪线的'恢复疲劳',有人说不合逻辑,有人说可以使用,你的看法是什么?请简要说明理由。"从布鲁姆六个认知层次的角度来说,考查学生的"理解、分析、评价"能力,属于高阶思维层面的考查,答案不唯一,言之有理即可。这个问题正确作答,既需要课堂知识的积累,更需要来自生活的观察、了解,如"肉夹馍"。再如2024年天津卷的诗歌鉴赏14题第2小题,"如果用'以诗解诗'的方法,以下三句诗哪一句适合解读本诗尾联?请说明理由"。所给的三句诗都可以"以诗解诗",学生选择其中任何一句作答,言之有理即可,完全打破了只有一个选项的简单思维方式。这两道开放性题目,从高考"引导教学"的功能来说,给我们的启示是我们平常的教学实践,需要教师走出传统教学模式,突破固化思维,不要短视和急功近利,要遵循长期主义,不仅自己要改变传统思想,而且要积极鼓励学生大胆创造、勇于质疑,试想,如果考试时更多的学生写剧本,这对我们教师的教学来说,是不是提出了更大的挑战?我们教师在鼓励学生走出舒适圈时,更应该带头走出教学的舒适圈,不破不立,敢于打破才能有所创新。

(36) 教学设计

《在马克思墓前的讲话》的三个学习要点

《在马克思墓前的讲话》是一篇悼词。悼词是向逝者表达哀思、缅怀与敬意的特殊文体,它融合了情感与理性,措辞用语庄重而得体。

单元导语明确指出,学习本单元的目标是通过专题研讨,深化对"抱负与使命"的认识;同时,学习如何有理有据地表达观点,阐述主张。

基于此,本文的学习重点确定为:深入学习悼词的写作与表达技巧;掌握特定情境下表情达意的基本原则;深化对抱负与使命的认识,培养社会责任感。

首先,深入学习悼词的写作与表达技巧。

基于悼词的特殊性,写作时首先要处理好情感与理性的平衡,既要传达深切的哀悼之情,也要对逝者生前的贡献进行客观评价。

恩格斯在文章开头使用了讳饰的修辞手法,表达了对挚友马克思逝世的痛惜之情。"当代最伟大的思想家停止思想了""他在安乐椅上安静地睡着了——但已经是永远地睡着了",文章开头连用两个讳饰,传达了恩格斯无法接受马克思逝世这一现实,以及不得不面对的深沉悲痛。

接着,恩格斯用"不可估量的损失""这位巨人逝世以后所形成的空白"等短语,以历史视角理性客观地概括了马克思的卓越贡献,并由此引出下文的具体阐述。

第三、四、五段恩格斯详细阐释了马克思的"两个发现",即"人类历史的发展规律"和"现代资本主义生产方式和它所产生的资产阶级社会的特殊的运动规律",给予马克思高度评价。在理性的评价中,恩格斯流露出由衷的赞美之情,赞美之词的表达恰到好处,点到即止。

第六、七段先阐释了作为科学家的马克思更重视理论的应用这一事实,然后进一步说明作为革命家的马克思"毕生的真正使命":推翻资本主义社会,参加无产阶级的解放事业,"斗争是他的生命要素"。语气平和坚定,内容具体翔实,将作为科学家和革命家的马克思立体真实地呈现在听众面前。第七段的结尾恩格斯说完马克思创立了伟大的国际工人协会后,由衷赞美道:"协会的这位创始人即使别的什么也没有做,也可以拿这一结果引以为豪。"理性阐述引出感性赞美,融情于理。

最后两段侧重情感的表达,连用两个"最"和"都",说明马克思的危险处境,而马克思对此毫不在意,恩格斯用比喻写出马克思对待敌人的态度:"把它们当作蛛丝一样轻轻拂去。"一重一轻的对比,展现了马克思的伟大胸襟,突出了他顽强的革命意志、无畏的革命精神,最后以呼告的形式表达了深切的怀念和必胜的信心。

综上所述,可见悼词在行文过程中,情理交融,双线并进,理性上以真实讲述和客观评价为主,情感上以悼念和歌颂为主,在理性的回顾与感性的缅怀中,悼词完成了自己的独特使命。

其次,掌握特定情境下表情达意的基本原则。

在复杂多变的社会背景下,不同文体展现出不同特性。散文有感而发,真实反映生活;小说以虚构为主,能够自由穿梭于不同的时空。至于悼词,其特殊的情境要求,决定了它必须具备独特的表达风格,学生应该掌握特定情境下表情达意的基本原则。

一是真诚。"修辞立其诚",悼词其"诚",除了阐述的事例和成就不能弄虚作假之外,情感上的真诚更不能轻视。面对逝者,在缅怀过往、评价成就、表达哀思时,不可矫揉造作、虚与委蛇,既要以一颗诚心面对逝者,又要以一颗诚心面对听众。在理性层面,实事求是,用数据和实例来支撑叙述;在感性层面,赞美要基于事实,如本文所示,赞美之词通常出现在对逝者生平的回顾和对其业绩的肯定之后,它们是情感自然流露的产物。

二是得体。得体主要表现在两个方面,一是身份的适配,恩格斯以亲密战友和思想家的双重身份发言,既显得亲切又不失权威。恩格斯与马克思志同道合,所以他在客观叙述和理性评价上,有理有据,极具说服力;恩格斯是思想家、革命家,以及无产阶级的革命导师,所以他的缅怀和赞美,代表了民众心声,鼓舞人心。如本文最后,恩格斯由衷说道:"他的英名和事业将永垂不朽!""永垂不朽"意味着伟大精神和辉煌成就将长久流传,永不消逝。这无疑是对一个人最崇高的赞誉,而能够获得这一荣誉的,必然是那些为人类做出杰出贡献的人。这种至高无上的评价并非普通人所能轻易表达,而恩格斯对马克思的如此评价,既不卑微也不过分,恰到好处。二是必须具备对象意识。对象意识意味着交流时需充分考虑听众的职业背景、知识水平和身份地位等因素。听众群体不同,语言风格和表达方式也不相同。例如,在文学家的追悼会上,悼词可以更加生动和富有文采,甚至可以采用诗意的表达;在运动员的追悼会上,悼词则应更加朴实无华,可能会融入体育术语,以彰显体育精神。以本文为例,恩格斯在悼词中巧妙地平衡了学术性和号召力。之所以强调学术性,是因为马克思是一位思想家、革命理论家,参加追悼会的多数是马克思志同道合之人;而强调号召力,则是因为时代赋予的使命和听众的期待。

最后,深化对抱负与使命的认识,培养社会责任感。

马克思在错综复杂的社会现象中深刻地洞悉了历史的发展规律,并主动承担起创建革命理论、引领革命实践的重任。他的理想定位和精神追求,都深刻体现了他伟大的人格魅力。学习这篇文章,应该聚焦马克思给予世人的人生启迪和精神动力。

一是理论研究与实践应用要有机结合。

马克思毕生致力于研究社会规律,为人类进步奋斗不息,"很少有人像他那样满腔热情、坚韧不拔和卓有成效地进行战斗"。马克思对理论的不懈追求与对革命的积极践行,彰显了他宽广的胸怀和崇高的使命。这为当代青年的学习和创业提供了宝贵启示:实践是检验真理的唯一标准,学习与实践相结合能够激发兴趣,学到真知,促进成长;创业产生经验,经验引导反思,反思进一步推动创业。无论是学习还是创业,奋发有为,是实现远大抱负和社会责任的具体表现。

二是个人理想与社会责任要高度融合。

在回顾挚友马克思的一生时,恩格斯没有流露一点私情,文中没有任何马克思追求个人利益行为的描写。马克思之所以永垂不朽,是因为他伟大的人格和巨大的贡献。真正的理想抱负一定是超越个人利益的,建立在社会责任与家国使命之上。个人理想是由正确的社会理想规定的,个人理想与社会责任密不可分。这为当代青年的学习和成长提供了宝贵启示:学习不仅是个人的事情,它与社会发展紧密相连。一个人具备了家国情怀和国际视野,无论是在学习还是工作中,都能够为社会做出更大的贡献。

三是批判性思维与行动力要紧密结合。

在《在〈人民报〉创刊纪念会上的演说》一文中,我们深刻感受到了马克思思想的光辉。他运用历史唯物主义观点,借助批判性思维,敏锐地发现了资本主义社会"干硬外壳"下的深层矛盾。马克思之所以创立不朽的理论学说，是因为他运用科学的方法、思辨的思维分析问题，并通过实践进行验证。这为当代青年学习和生活提供了宝贵启示：不论学习还是生活，都应该培养批判性思维，通过质疑不断探究学习内容，获得真知。质疑不是推翻所学知识，而是保持对知识的清醒认识，理性深入地分析问题，揭示问题的本质。

此次对《在马克思墓前的讲话》的教学设计，是对传统教学的一次突破，立足本解读，在此基础上，进行语言训练、思维培养和价值塑造。通过"悼词写作—表达技巧—使命思考"的三层推进，引导学生成为能够理性表达、具有社会担当的思考者、践行者。

(37) 备课思考
《祝福》的传统教法与创新教法

《祝福》一文情节跌宕，人物生动，主题深刻，小说三要素鲜明，是典范的写实主义作品。小说三要素是小说讲解的重点，《祝福》可以作为三要素的分析范本。

人物上，重点分析祥林嫂、鲁四老爷、柳妈、"我"。塑造人物形象的手法有正面描写和侧面描写，鲁迅在《我怎么做起小说来》中提出："要极省俭的画出一个人的特点，最好是画他的眼睛。""画眼睛"手法很好地用在了祥林嫂身上，"只有那眼珠间或一轮"，堪称神来之笔，诸如此类的正面描写是学习重点，另外，侧面描写同样精彩，如柳妈的衬托、鲁四老爷的评价、鲁镇百姓的嘲笑、大雪纷飞的暗示，都需要细嚼慢咽。

情节上，鲁四老爷的书房、祥林嫂的三次肖像描写、祥林嫂改嫁时的以死抗争、祥林嫂在儿子阿毛死了之后的唠叨、捐门槛、四婶阻止祥林嫂参加祭祀活动，以及祥林嫂与"我"的对话，都是分析重点。情节由细节构成，小说的最大魅力就是细节的引人入胜。毕飞宇说："小说的格局与小说的体量没有对等关系，只和作家的才华有关。"鲁迅是描写细节的高手，如四婶阻止祥林嫂参加祭祀的描写，第一次是先称呼祥林嫂，再阻止她，虽然"慌忙"，但心理不是很紧张，态度相对温和；第二次是先阻止，后称呼祥林嫂，"慌忙"又"大声"，心理紧张态度强硬，表达的是对祥林嫂的嫌弃。这两处细节，寥寥数语，就对封建礼教的"吃人"本质揭露无遗。这些细节需要细嚼慢品，才能品味出个中深意。

环境上，除夕夜的大雪、鲁四老爷的书房、鲁镇等都是鲁迅笔下的艺术世界，它们带有象征主义的隐喻，带有鲁迅鲜明的主观意志。人具有社会性，社会环境由人决定，而一个人的命运经过主观努力之后仍然会被客观环境所限制，如祥林嫂，其命运走向是被社会控制的；自然环境具有独特的艺术使命，它不是简单说明或者忠于真实的描摹，而是带着作者的艺术加工和情感期待。一切环境描写都服务于人物形象的塑造，最终指向主题表达。

从小说三要素出发，对《祝福》进行解读、剖析，是小说的常规授课方式，这种讲法遵循小说规律，突出小说特点，对于学生而言，便于形成关于小说文体的整体认知，提升小说的鉴赏能力，不过，新课标以素养为本位，重点培养学生解决问题的能力、辩证思考问题的能力，教学实践走向开放融合，不再追求知识本位和单一问题的分析。社会是多面的、复杂的，站在不同立场和角度看待同一问题，答案不同而且没有谁对谁错，这也决定了文学的复杂性。很多文学作品的文体不易判断，如鲁迅的《故乡》是小说，很容易被读者误读为散文；高考文学类文本如《给儿子》《放牛记》等作品，到底是什么文体众说纷纭，这种难以界定才是生活的本来面目。素养本位的教学实践或者试题考查，打破了二元对立或者单一性绝对化，走向开放融合，增加了思维难度，这促使学生回答问题时不能简单地按照既有的经验直奔主题，而是认真阅读，基于理解，去分析评价，建构自己的认知逻辑。

基于新课标新高考，教师的备课思路正在发生深刻的变革。我们不妨尝试从"对比"手法这个角度，对《祝福》进行一次创新性分析。

首先是"不变"与"变"的"对比"。

鲁迅在《祝福》中，通过对比手法的大量使用，塑造人物，揭示主题，如祥林嫂肖像的三次描写，脸颊从"还是红的"到"已经消失了血色"到"黄中带黑"，为我们展现出了祥林嫂的命运遭际，字里行间一种强大的悲怆力透纸背，令人不寒而栗。三处肖像描写形成鲜明对比，能够激发读者的想象和追问，在深刻思考之后，对封建礼教吃人的本质形成清醒的认识。

《祝福》第一部分和最后一段，有两处对比，用得巧妙，别有洞天。

第一处是"不变"和"变"的对比。

"不变"有四处描写，分别如下：

"他比先前并没有什么大改变"。（第一段写鲁四老爷）

"他们也都没有什么大改变"。（第二段写"我"的几个本家和朋友）

"年年如此，家家如此"。（第二段写"祝福"习俗）

鲁四老爷的书房。（第二段后半部分）

"变"只有一处描写，写的是祥林嫂，鲁迅在第三段这样写道：

"我这回在鲁镇所见的人们中，改变之大，可以说无过于她的了。"

在第一部分，鲁迅多次直接或者间接提到"没有改变"，鲁迅为什么这样写？因为"不变"的是鲁镇，鲁镇是社会的缩影，言外之意是社会并没有发生鲁迅所希望的变革。《祝福》是鲁迅小说集《彷徨》的首篇，写于 1924 年，革命浪潮风起云涌，但鲁迅所构建的文学世界里，并不见革命的影响，鲁镇就像被时代所遗弃，丝毫不见新思潮的冲击。"讲理学的老监生"四叔倒是知道"新党"，见了我就"大骂其新党"，说明封建守旧势力的顽固和极端，这让"我"这个知识分子无法接受，文中措辞带有作者鲜明的情感态度。任何一种革命，想蔓延成燎原之势，都需要强大的力量推动，形成摧枯拉朽之势，有了彻底的破坏才能出现真正的建立。鲁迅弃医从文的原因，在《藤野先生》中有详细的说明。国民的麻木、愚昧深深刺痛了鲁迅的心，经过深思熟虑，一种底层逻辑和家国情怀在他内心真正建立起来，他毅然决然把手术刀换成了纸笔，解剖民族的劣根性，用笔在纸上建立新世界，"改良这人生"。鲁迅知道这条道路荆棘密布、泥泞难行，但是毫不畏惧，绝不退缩，"铁屋论"是鲁迅对社会清醒而深刻的认识，也是他的自我激励和鞭策。"然而几个人既然起来，你不能说决没有毁坏这铁屋的希望。"鲁迅以敢死队的胆识魄力，选择了做"几个人"中的一个，冲锋陷阵，毁坏铁屋，带来希望。

但是，这"铁屋"牢不可破，坚不可摧。"我"离家数年，求学问道，有了新思想,但"我"回到故乡,生活和习俗一成不变,封建礼教的陈旧腐朽根深蒂固,令人窒息,"我"与故乡已经完全疏离,新旧思想的矛盾冲突使得"我"没待几天,就选择"无论如何,我明天决计要走了"。鲁迅的"归乡"模式充分表现了"五四"之后知识分子的精神苦闷和思想局限。

"不变"既说明封建守旧势力之强大,礼教思想之牢固,又体现了其强大的生命力带给革命力量的压制,如"我",一个血气方刚的知识分子,被压抑得无法呼吸,那么,"谬种"祥林嫂的命运,就可想而知了。

其次是"我"与祥林嫂的对比。

"我"是一名知识分子,这一点,连祥林嫂都知道。那么,"我"在文中到底是一个什么样的知识分子?这一点值得探究。

文章一开始就写道,"我"回到鲁镇,已经完全无法融入其中,虽然与鲁四老爷是本家,但思想上格格不入,话不投机,鲁迅在第一段写"我"与四叔聊了几句之后,"我便一个人剩在书房里",一个"剩"字,写出了"我"在四叔家的处境,写出了自己不被四叔待见的尴尬境地,侧面反映了"我"与鲁镇的彻底疏离与隔阂。

"我"在四叔书房的所见加剧了"我"的反感,也坚定了逃离的决心,尤其是看到《四书衬》等朱熹的作品时,封建理学的压迫感扑面而来,"我"受不了这种压制"决计要走",可见"我"对封建礼教的决绝态度。而真正促使"我"离开的,竟然是祥林嫂,文中是这样写的:"一想到昨天遇见祥林嫂的事,也就使我不能安住。"祥林嫂问"我"的问题不仅让"我""悚然",而且"我"在敷衍了祥林嫂后,"总觉得不安""不如走罢,明天进城去"。但是,"我"进城之后要干什么呢?竟然是去吃"福兴楼的鱼翅",即使"往日同游的朋友已经云散""鱼翅是不可不吃的,即使只有我一个"。这样看来,"我"逃离鲁镇之后,首先想到的是满足"口腹之欲",这未免有点出人意料。

小说的最后一段,写"我"从梦中醒来,"从白天以至初夜的疑虑,全给祝福的空气一扫而空了",敷衍祥林嫂的求助和祥林嫂的惨死让"我"陷入了深深的自责,但是祥林嫂死后,"我"却从自责中走出来,在五更时分的鞭炮声中,"懒散而且舒适"。此处的描写,与前文的内容并不相符,第一部分反复交代自己坚决要离开鲁镇,而在结尾部分,并没有延续前文的决心,而是有了一种接受且融入的心理。"我"本是康有为一样的"新党",是被鲁四老爷大骂的对象;"我"本是祥林嫂的最后一根救命稻草,但是,"我"最终融入了鲁镇。

这个问题值得深思。

在《祝福》中,"我"是唯一一个值得祥林嫂信任的人,祥林嫂临死前一天见到"我","没有精采的眼睛忽然发光了",而且说"你是识字的,又是出门人,见识得多",所以问了"我"一个问题:"一个人死了之后,究竟有没有魂灵的?"

祥林嫂的问题令"我""悚然"。

祥林嫂接二连三遭遇命运打击,对知识分子身份的"我"发出的追问,带有明显的期待,因为在整个鲁镇,只有"我"与其他人不同,即使祥林嫂,也相信知识的力量。祥林嫂再嫁之后的悲苦遭际令她惶恐不安,贺老六死了后,一直生活在精神的恐惧之中。一个没有文化的农村妇女,对社会的认知来自周围环境,被迫改嫁时以死抗争,这是生活经验激发她产生的对命运的反抗,她知道改嫁的后果,所以不惜性命;捐门槛是对命运的再次抗争,她相信"善女人"柳妈说的死后"阎罗大王只好把你锯开来"分给自己的两个男人的话,所以也就信了捐门槛"给千人踏,万人跨"来赎这一世的罪名的劝告,拿出毕生积蓄捐门槛以求命运的眷顾,但是,到了冬至祭祖,捐完门槛赎完罪的祥林嫂去拿酒杯和筷子时,仍然被四婶"慌忙大声"地拦住。这是致命一击,从此祥林嫂精神崩溃,渐渐不正常起来,最终被整个社会所抛弃。"我"与鲁镇的人们不同,是"识字的",所以祥林嫂见到"我",就像抓住了生命里的最后一根稻草,眼里充满了希望,这是一个将死之人对生的渴求。

萨特说,他人即地狱。虽然鲁迅没有接触过这一理论,但是在《祝福》中,我们能够真切感受到"他人"的巨大杀伤力,能够看到社会环境给予祥林嫂的冷漠、打击和摧残。"善女人"柳妈的忠告,"我"为祥林嫂着想而说的"也许有吧",这些"善意"的帮助,对祥林嫂来说,都是致命的打击,加剧了她死亡的速度。我们不禁要问,到底谁对谁错?谁好谁坏?当我们被这些问题纠缠甚至为此而痛苦时,我们知道,我们心中的答案也就越来越清晰。

"我"是知识分子,理应是文中的希望之光,但鲁迅并没有赋予"我"真正的革命情怀，而是重点表现了知识分子的"彷徨"，这是"呐喊"之后的一种无力、无奈、无语。祥林嫂对于命运抗争的态度，与"我"相关但也相反，"我"对社会有清醒的认识，虽然思想被启蒙，但有着"娜拉走后怎么办"的精神困顿；而祥林嫂屡遭命运重创后，开始怀疑现实甚至探寻真相，这是一种懵懂的、没有认知基础的反抗，从某种意义上说，这是一种进步，甚至超越了"我"，这样看来，"我"与祥林嫂形成鲜明对比，进一步深化了"彷徨"的内涵。实际上，这是鲁迅当时的心理状态，也是整个社会现象的反映。

"对比"这一手法的分析，仅是创新教法的一个方面，还可以探讨"我"是否可能成为《伤逝》中"涓生"那样的人物，小说结尾为什么是一种喜剧色彩等。一部作品之所以持续焕发活力，就是因为不断地被"二次创作"，被赋予新的意义。读者的创新意识能够突破边界，发现更多问题和思考方向，当然，问题和思考一定是自洽的，不能脱离实际，不讲逻辑。传统教学与创新教学，孰优孰劣并不重要，只要聚焦素养和能力的培养，就是最好的教学实践。

鲁迅曾说："说到为什么做小说，我仍抱着十多年前的'启蒙主义'，以为必须是'为人生'，而且要改良这人生。""为人生"不仅是小说的使命，更是教学的使命。鲁迅的这句话，直到今日，仍然有着晨钟暮鼓般的作用。

（38）教学思考
关于整本书阅读的一点思考和建议

必修上、下两本教材都均有一个"整本书阅读"的单元。必修上是《乡土中国》，必修下是《红楼梦》。以《红楼梦》为例，看一下教材是如何组织学生进行整本书阅读的。

《红楼梦》阅读出现在第七单元。这一单元由三部分构成：单元导语、《红楼梦》阅读指导和学习任务、学写综述。"学写综述"是一个单元专题，介绍"综述"如何写作，与《红楼梦》阅读没有直接关系；"单元导语"是对《红楼梦》的整体概述；"阅读指导"共六个方面，包括前五回的纲领作用、情节主线的重要性、典型人物的分析、生活细节的刻画、社会关系和生活习俗的了解、小说语言的鉴赏;"学习任务"共六个,基本对应"阅读指导"的相关内容。

假如学生完全按照单元指导阅读《红楼梦》,理论上每位学生都可以成为一名小红学家,不过,现状并非如此,学生阅读《红楼梦》大体有这样几种情况:一是沉浸式阅读,真心喜欢所以读得津津有味,反复阅读,读原著读解析,纵向挖掘横向拓展;二是三心二意式阅读,不是很喜欢但又不想放弃,往往有头无尾,半途而废,只见树木,不见森林;三是视频代替式阅读,观看影视作品代替阅读,能够了解故事精髓,不能了解全貌,而且文字的魅力无暇顾及;四是不闻不问式阅读,实际上就是干脆弃之不读,高中三年不曾翻阅一页,一问三不知,要么是通过老师的讲解或与同学的交流略知一二。

《红楼梦》是中国文学史的巅峰之作,被誉为封建社会的百科全书,但是并非人人喜欢,很多学生认真读过之后不仅无法产生共鸣,甚至持批判态度。所以就整本书阅读而言,要想达到理想效果,并非易事。

"整本书阅读"的反面,就是非整本书阅读,指向当下大行其道的碎片化阅读。教材的功能是育人,单独设置整本书阅读单元,就是为了弥补碎片化阅读的不足,帮助学生建构整体认知体系和结构化思维,是新课标聚焦核心素养至关重要的一环。

碎片化阅读的土壤是怎么出现的?科技的进步改变了我们的生活方式和阅读习惯。最初,网络小说对传统纸质书籍构成了冲击,随后智能手机的阅读功能进一步加剧了这一趋势,使得纸质书籍逐渐远离我们的日常生活。电子阅读无处不在,图文结合的阅读形式充斥着我们的视野,导致我们的阅读习惯发生了根本性的转变。尽管电子阅读存在诸多不足,我们却难以抗拒也无法改变这一现状。科技已成为我们生活中不可或缺的一部分,每个人都面临着阅读方式的重大挑战。

我们离不开科技,科技导致快餐文化的出现,导致碎片化阅读的产生,而且这是一个无法回避、无法解决的问题,在这种情况下,如何培养学生整本书阅读的习惯,提高学生整体阅读的能力,任重而道远。

《普通高中语文课程标准》"课程内容"由"学习任务群"和"学习要求"

两部分组成,"学习任务群"共十九个,第一个就是"整本书阅读与研讨",课标对该学习任务群的设置目的和教学要求做了具体说明。从课标到教材,从政策到实践,体现了整本书阅读的重要性。通过教学实践培养学生良好的阅读习惯,提升阅读鉴赏能力,深化整体认知和思辨思维能力,是整本书阅读这一学习任务的根本。

2024年新课标Ⅰ卷文学类文本考查的篇目是散文《放牛记》。《放牛记》选自徐则臣的散文集《纸上少年》。笔者以前没有读过这本书,购买后采用了读写结合的阅读方法,收获颇多。

如何破解整本书阅读的教学困境,笔者通过《纸上少年》的阅读有了全新的认识。教材是教学用书,代表着权威和国家意志,是育人纲领的具体体现,例如第七单元的"阅读指导",从教学建议层面对教师如何组织教学进行了具体详细的指导,即使学生自学,也能很好地完成学习任务。教材具有权威性,但在施教过程中,国家教材的校本化非常重要,对于教师而言,可以结合自己的教学经验、阅读经验以及学生的实际情况,确定适合学生整本书阅读的建议并给予指导,结合实际情况有效组织教学活动,学生在积极有效的阅读过程中,逐渐养成良好的阅读习惯,提升阅读鉴赏能力。

一是激发阅读动力,调动阅读兴趣。

学生结合自己的兴趣爱好,进行整本书阅读并非难事,不可否认,现在的孩子从小阅读量很大。而就中学生必读书目而言,要做到人人都读,都喜欢读,都能读懂,并不容易。如何激发学生的阅读动力,积极参与到整本书阅读中来?教师可以使用一些小心思、小技巧。一是欲擒故纵法。上课时,不经意地提到《红楼梦》的人物、情节等内容,如讲到《祝福》中的祥林嫂死前的那一场大雪,可以提到王熙凤死后在冰天雪地里被草席裹着扔到乱坟岗的情节;讲到《林教头风雪山神庙》中"雪"的寓意,可以提到黛玉葬花时"花"的寓意,等等,在教授其他课文时,经常用《红楼梦》中的例子进行比较、拓展,在内容关联中形成一种潜移默化的影响,学生逐渐有了一探究竟的欲望,兴趣的种子埋下之后,当真正阅读《红楼梦》时,学生的阅读热情自然就被激发出来。二是喧宾夺主法。这是一种"陌生教学法",通过让学生了解陌生的内容激发阅读兴趣的产生。

阅读《红楼梦》之前，先了解《红楼梦》中的一些次要人物，如刘姥姥、史湘云、惜春，这些次要人物同样是《红楼梦》中无比出彩的人物形象，但对于学生而言比较陌生，距离产生美，所以，提前给学生阅读作业，通过小说、影视作品、各种小视频等了解这些次要人物，并相互交流，激发阅读兴趣。

兴趣是最好的老师。学生的阅读兴趣通过教师各种巧妙的心思逐渐被激发出来，带着兴趣去阅读，阅读质量就能得到很好的保证。

二是使用思维导图，梳理阅读过程。

结构化思维有三大要素：主题鲜明、归类分组、逻辑递进。思维导图所呈现的就是学生阅读《红楼梦》的结构化思维，这样能够有效改变碎片化阅读现状，保证阅读的系统性、整体性、复杂性。

学生对思维导图并不陌生，小学时画的知识树可以说是思维导图的雏形。阅读《红楼梦》时，首先帮助学生重新建立对思维导图的正确认知，并说明具体的操作过程，"主题鲜明"是指确定一个人物形象或者主题内容，以此为中心向外辐射，进行"归类分组"，其中涉及的人物或者事件有主次之分，形成合理的"逻辑"关系。如《红楼梦》中的"林黛玉"这一形象的思维导图，主题是"林黛玉的形象特点"，可以从林黛玉的大观园生活、诗歌才华、交往的人物（从主到次）、宝黛爱情这几个方面确立，其中交往的人物有主有次，注意逻辑关系。通过思维导图的深入构建，帮助学生建立结构化思维。学生建立了结构化思维，阅读过程就有了清晰的脉络，在不断丰富自己思维导图的同时，思维导图也带动自己不断深入阅读，阅读与思维导图形成一种"纠缠"，相互补充、相互延伸，在感性的阅读与理性的建构这一过程中，学生的思维得到了很好的锻炼。

三是勤写读书笔记，深化阅读认知。

读书笔记怎么写、写什么，这个无须给学生提出要求或者制定规则。阅读心得是阅读过程中突然出现的一些想法或者灵感，是有感而发，自然而然形成的文字。这些文字或许不怎么讲逻辑，但是因为不吐不快的动力驱使，读者就写了下来，这是一个自然而然的生成过程，因为没有目的反而愿意写。写作的过程就是思考的过程，学生阅读时产生了积极的思考正是我们想要的结果。

教师要鼓励学生阅读时勤写多写，但是不要提出数量和质量的要求，以免打压学生表达的热情和冲动。一旦学生觉得这是作业必须完成时，就会产生压力从而失去阅读和写作的真诚，教师要守护学生主动写读书笔记的热情，并且给予充分的肯定、鼓励，甚至教师也可以参与到读书笔记的写作中来，如同"同课异构"，师生同读一本书，共写读书笔记，相互交流，彼此鼓励，通过这种方式不断激发学生的阅读热情和写作热情，提高整本书阅读的质量。

四是举行各种活动，交流阅读体验。

组织活动一定要平民化、简单化，教育只有润物无声，才能春风化雨，带有说教的教育，效果不是打折扣，就是起到负面作用。组织活动要做到以下几点：人数要少，七人左右即可，这样能够保证所有人都能参与其中；提前通知，给予学生充分的准备时间，保证活动质量；主题鲜明，在活动进行过程中，时刻围绕既定主题展开，不跑题不偏题；采取平等对话形式，确定一个主持人，主持人应为学生，教师事先与主持人做好充分沟通；尊重学生的所有想法，教师只起到引导作用，不直接做出任何评判。

在民主平等的氛围中交流，鼓励所有学生发言，学生对自己的表现及时反思，有获得感，也找出问题，并形成一种心理期待，希望这种活动经常举行。

以上是笔者的一点浅陋认识和建议，关于整本书阅读，美好的期待与不完美的现实同存，高大上的理论指导和参差不齐的阅读现状同在，教师凭一己之力破解这一难题，的确不现实，"教师唯有在阅读形式、阅读方法、阅读活动上不断探索，才能让阅读成为'悦读'，推动学生'读下去'"。（谢泽滔，陈晶，2021）对于教师而言，在立足现实的基础上，结合教师自己的阅读经验和学生实情进行阅读指导和教学实践，基本能找到合适的突破口。

最后，附上笔者阅读《纸上少年》后写的一篇散文，以资借鉴。

渐渐走进成长的过去

捧读徐则臣的《纸上少年》，如同与过去的自己对话，那些鲜活的往事，在徐则臣的笔端汩汩流淌，浪花四溅，浇湿了记忆，依稀，朦胧，渐渐清晰起来。

关于"饿"

徐则臣在《一个人的天堂》的第一段写到了自己梦中的饥饿。徐则臣是运笔的高手，他这样写道："胃里伸出了一双渴望的手，饥饿终于叫醒了我。"读到这儿,心猛地被戳了一下,儿时的饥饿瞬间被叫醒了。

到底什么是饥饿?作家张贤亮说,自己被活生生地"饿"死过,而且被送到了太平间,半夜冻醒,又活了过来;作家余华在《活着》中写被关进牛棚的医生长时间吃不饱,当被送到医院抢救产妇时,因为 3 天没吃饭饿得毫无力气,一口气吃了 7 个馒头,又喝了些水,就这样被突如其来的饱餐撑得无法走路,直接导致产妇大出血而死。20 世纪 80 年代伤痕文学作品中,关于饥饿的描写屡见不鲜,人们用文字表达着生的挣扎与活的苦难,艺术化的饥饿描写,却再真实不过。

徐则臣的饥饿,表面看来,与时代无关,因为他梦到饥饿时,正好是过年,用他母亲的话说:"大过年的,哪天不是吃到嗓子眼?"那为何还是饥饿难耐?文章给了我们答案,因为在徐则臣的孩提时代,离他家不远处有一个大商场,那是导致他饥饿的"罪魁祸首"。

在《一个人的天堂》中,徐则臣不厌其烦,把自己对大商场的喜爱、好奇、贪恋进行了细致入微的描写,当小小年纪的徐则臣在大商场流连忘返时,他就会感到"无穷无尽的饥饿",即使吃饱了,走进去仍然会抑制不住的饥饿,琳琅满目的大商场成了日后徐则臣记忆的闸口,一旦忆起,思绪便如同开闸泄洪,伴随着无法躲避而又横冲直撞的饥饿,成为记忆里无比美好的"天堂"。

为什么吃饱了,到了大商场还会饥饿?文章给了两个答案:一是"馋",小孩子哪有不馋的,更何况在那个物质并不富足的时代;一是"饿",为什么吃饱了还饿?同样与时代息息相关,物质的匮乏导致饱腹之物仅限于米面、蔬菜,鸡鸭鱼肉这些荤菜是饭桌上的奢侈品,实属罕见。所以即使吃饱了,也只是填饱了肚子而已,因此当一个小小孩童走进大商场时,商场弥漫的美味和令人垂涎欲滴的各种美食,引得馋虫汹涌,饿意十足。社会发展至今,还有哪个孩子走进商场会有"饥饿"之感?如果拿徐则臣的这个故事与现在的孩子交流有关"吃苦"的话题,根本无法产生共鸣。时代的进步让物质极大丰富,人们已经忘记饥饿是什么感觉了,不过,我们都相信,适度的"饥饿"更利于人的生存和时代的发展。徐则臣没有给我们答案,他知道我们心知肚明,当我们回忆起那个"吃糠咽菜"的时代,我们同样充满感激之情。

关于"生"

徐则臣在《最后一个货郎》的结尾说道："他不想停下,他知道自己一生的道路该怎样走到头。"

这句话用来作为结尾,就有了深远的意味。

货郎姓张,人们都叫他"老张",少年徐则臣也叫他老张,老张走街串巷,摇的是"拨浪锣",这很有意思,更有意思的是,社会的发展导致"货郎"纷纷转行,都去挣大钱了,而老张仍然坚守着这份传统,即使到了后来,人们不再买他的东西,甚至都不在乎他的存在,他已经老得寸步难行,人们也没有心思搭理他。走街串巷的老张到了晚年落寞凄凉,实际上他并不缺钱,而且子女很孝顺,但是他仍然走街串巷,做着货郎生意。

徐则臣却对货郎充满期待,因为货郎能给他带来惊喜与快乐,满足一个孩子内心对这个世界小小的渴求。

货郎看着徐则臣从小到大的成长,徐则臣也看着货郎一天一天老去。在人生观还没有完全建立起来的孩童世界里,是货郎给了徐则臣关于"生"的思考。所以他说,老张知道自己一生的道路该怎样走到头。

"该怎样走"和"该怎样走到头",完全不同。

"该怎样走",是一种对信念的坚定和执着,是一种人生价值的追求与守护,如孔子,游说各国实行仁政而不得,则退而布道施教,让自己的思想代代相传,虽然行走的道路曲折崎岖,但是初心不改,至死不悔。"该怎样走到头",则带着一种悲怆与决绝,是对生命尽头的清醒认识,当同行纷纷转行,甚至有的发家致富,名利双收,而自己仍然在行业式微、无利可图的情况下选择坚守,这份坚守带着一种看似的愚昧,而再看一下,就能看到些微人性的光芒。

"人和每一棵树,每一株麦子一样,是大地的一部分。夜包裹着你,月光包裹着你,夜、月光、你、这个世界,不可分离。"这是《天黑以后》中的一段话。当我读到这段文字时,很自然想到了货郎老张,他就如同一株麦子,干旱也罢,洪涝也罢,用自己的坚韧与顽强,抵御来自大自然的炙烤与侵袭,最终落叶归根回到自然的怀抱,成为沃土的一部分。老张的一生走到头,也走不出惊天动地的精彩,也走不出世人孜孜以求的价值和意义,即使人生到老,老张的人生意义也无法拔高，在徐则臣的笔下，老张普通得不能再普通了，那为什么徐则臣不吝笔墨，为老张著书立传？或许，就是因为那份朴素中的坚守，给予了徐则臣最为朴素的人生观。

关于"死"

一个小小孩子，怎么会想到"死"？

在阅读《纸上少年》时，我却明显地感觉到了徐则臣对于生命的恐惧，当然就是对于死亡的惧怕。

母亲在地里忙农活。姐姐已经把晚饭做好，但是母亲还是没有回来，夜已深，只有七岁的徐则臣担心母亲有什么意外，独自一人去找母亲。路上要经过一片茂密的芦苇荡，而那片芦苇荡，还藏着父亲因为暴雨而躲在此处的胆怯与慌张，小小的徐则臣，就这样带着父亲的恐惧和世事的无法预测，走进了那片骇人的芦苇荡。

当莫名的恐惧毫无来由地袭击了小小的徐则臣，他就想到了"死"，他说："有关死想得很多，没有排除任何一种我所知道的死法。"这时候的徐则臣只有七岁，一个七岁的孩子，在他的人生观还完全没有建立起来的时候，还不知道生死为何物的时候，还可以悠闲地躺在乱坟岗阅读武侠小说的时候，想到了各种死法。当然，这只是因为恐惧而产生的极端心理，这个七岁的小男孩后来没有找到母亲，原路返回时，就有了一种豪气：'我想，走过了这黑夜里的芦苇荡，任何恐怖的东西对我来说都无所谓了。"小小男子汉气概竟然令我肃然起敬，这仅仅是个七岁的孩子啊，怎么就有着如此丰富的情感？到底是什么教会了他，去认识自然、认识人生、认识自我，并拯救自我？

我小时候也经常走夜路。独自出门少，多数是结伴而行，所以，对黑夜的感觉已经没有什么印象了。在我十七岁的时候，走过一次夜路，大约是在晚上一点，骑着自行车回家，那一晚上月光皎洁，骑行在路上，并没有伸手不见五指带给自己的害怕，只是偶尔有风吹过，野地里的庄稼随风起伏，发出沙沙的声响，远远望去，黑黢黢地在蠕动，令人毛骨悚然。当时的我毕竟已经十七岁，恐惧只是一闪而过，而且正处于一身反骨的年龄，对怪力乱神毫不畏惧，但那段夜行的经历，仍然给我留下了深刻的记忆。

徐则臣七岁的时候,经历了一次刻骨铭心的死亡之旅,我在阅读时,从文章的字里行间,感受到的却是徐则臣对那段经历由衷的感激。

关于"元认知"

童年的意义到底是什么? 为什么那么多作家,即使普通人也愿意回忆童年,对童年眷恋难舍?

跟着徐则臣的笔触,我们回到了他的童年,他的童年与我们的童年那么相似,一块儿饥肠辘辘,一块儿眼珠圆瞪迷恋外边的世界,一块儿胆战心惊,一块儿眼神充满恐惧而不敢独自一人夜行……这些似曾相识的故事,让两个从未谋面的人产生了共鸣,往回看,童年作为人生的起点,就有了非同寻常的意义。

这又是为什么?

后来,阅读一些理论方面的书籍,接触到了"元认知"这个词语。元认知,就是对认知的认知,再细致点说,就是对自己认知行为的管理和控制。具备了元认知能力,就意味着具备了走向优秀的能力。从《纸上少年》的字里行间,我们能看到徐则臣潜意识中要表达的东西,或许,他写作时,根本没有想到元认知这个词语,但是,他在写"饿"时,写"生"时,写"死"时,并没有停留在简单的思维认知和对儿时往事的浅显表达上,作家对生活的窥探,是通过生活的复杂多变而给予自己思想的关照。作家写东西,往往是在积淀了很久之后,才一吐为快的。我们在阅读这些文章时,能真实感受到作家情感深处思想高处的不同。他们深刻而清醒,他们激动而理智,他们拨云见日的能力远远超出常人。他们用行云流水的文字、四两拨千斤的笔触,完成了对生活的思考。

徐则臣的儿时生活,好玩、自在、没有约束,更没有耳提面命、谆谆教诲,在自然的纯粹中,慢慢成长,生活是最好的老师,而徐则臣成长过程中清脆的拔节声,是对生活最好的回馈。徐则臣小小乍纪,就能从一种情绪中迅速脱离,走出阴霾拥抱积极。这样看来,儿时的生活虽然贫瘠单调,虽然经常独自一人面对未知,但是,正是环境的真实、朴素、纯粹,成就了后来那个能够坦然面对风雨的自己。

参考文献

[1] 艾岩. 挟锐气以挥洒——闻一多《红烛》札记三则 [J]. 名作欣赏, 1990 (01): 121-124.

[2] 崔允漷. 如何开展指向学科核心素养的大单元设计 [J]. 北京教育: 普教版, 2019 (02): 11-15.

[3] 崔允漷, 王少非, 杨澄宇, 等. 新课程关键词 [M]. 北京: 教育科学出版社, 2023.

[4] 杜玮. 高考作文的结与解 [J]. 中国新闻周刊, 2020 (33): 22-28.

[5] 段崇轩. 人物形象塑造的"突围"与路径——小说创作探索之一 [J]. 中国当代文学研究, 2023 (04): 89-95.

[6] 方孝民. 赤壁月分明——《念奴娇·赤壁怀古》和《赤壁赋》中"月"形象之辨析 [J]. 中学语文教学参考, 2024 (35): 65-67.

[7] 关铭闻. 让崇高之美熔铸我们的灵魂 [N]. 光明日报, 2021-09-26 (1).

[8] 光明社教育家. 冲上热搜! 深圳南山 4 年级数学期末试卷太难延时 20 分钟, 教育局回应 [J/OL]. (2025-02-10) [2025-03-20]. https://mp.weixin.qq.com/s/h-DzIL8yz9oSeBh1zqPTmA.

[9] 何靖. 基于语文要素的大单元教学实践研究 [J]. 语文教学通讯·D 刊(学术刊), 2025 (02): 15-17.

[10] 胡家曙. 透过教师学什么: 以镜子为喻 [J]. 中学语文教学参考, 2020 (34): 16-18.

[11] 黄昕. 文本细读在高中语文小说教学中的应用研究 [J]. 语文教学通讯·D 刊(学术刊), 2024 (06): 12-14.

[12] 焦玉宝. 文本细读法在写景散文教学中的运用 [J]. 中学语文教学参考, 2024 (12): 39-41.

[13] 拉尔夫·泰勒. 课程与教学的基本原理 [M]. 罗康, 张阅, 译. 北京: 中国轻工业出版社, 2014.

[14] 潘庆玉. 学会说理：论述类文本教学的核心价值 [J]. 语文建设，2016（22）：7-11.

[15] 彭维锋. 劳模精神劳动精神工匠精神的内涵及关系 [N]. 中国社会科学报，2021-05-13（1）.

[16] 彭玉平. 人间词话译注 [M]. 北京：中华书局，2016.

[17] 茹志鹃. 漫谈我的创作经历 [M]. 长沙：湖南人民出版社，1983.

[18] 孙绍振. 散文：从审美、审丑（亚审丑）到审智——兼谈当代散文理论建构中历史的和逻辑的统一 [J]. 当代作家评论，2008（01）：79-94.

[19] 孙绍振. 文本分析的七个层次 [J]. 语文建设，2008（03）：4-8.

[20] 孙绍振. 以作者身份与文本对话 [J]. 语文建设，2014（07）：11-15.

[21] 孙世建. 情理交融：文学阅读中的语文思维发展 [J]. 语文建设，2025（02）：71-74.

[22] 王鉴，张文熙. 大单元教学：内涵、特点与实施策略 [J]. 中国教育学刊，2023（10）：5-9.

[23] 魏丕一. 在艺术家所挂的镜中观看自己灵魂的姿态 [J]. 名作欣赏，1990（01）：13-16.

[24] 温儒敏. 立足"语文核心素养"，切实提升教学质量——在教育部举办统编小学语文教材使用培训会上的讲话 [J]. 小学语文教师，2019（Z1）：23-32.

[25] 吴辰. 茹志鹃的《百合花》及其周边 [N]. 文艺报，2018-06-25（7）.

[26] 谢小庆，刘慧. 审辩式思维究竟是什么 [N]. 中国教师报，2016-03-16（4）.

[27] 谢泽滔，陈晶.《红楼梦》整本书阅读的策略探讨 [J]. 语文教学与研究. 2021（07）：47-49.

[28] 徐洁. 新课程方案与课程标准的关键词辨析 [N]. 中国教师报，2023-01-18（7）.

[29] 薛周欢. 初中语文古诗词大单元教学探究 [J]. 中学教学参考，2024（10）：14-16.

[30] 叶嘉莹．唐宋词十七讲［M］．北京：北京大学出版社，2017.

[31] 中国教育在线．教育部教育考试院：2024 年全国高考语文评析［EB/ OL］．（2024-06-07）［2025-03-10］．https://news.eol.cn/yaowen/202406/ t20240607_2615013.shtml.

[32] 中华人民共和国教育部．义务教育科学课程标准（2022 年版）［S］．北京： 北京师范大学出版社，2022.

[33] 中华人民共和国教育部．普通高中语文课程标准（2017 年版 2020 年修 订）［S］．北京：人民教育出版社，2020.

[34] 中华人民共和国教育部考试中心．中国高考评价体系［S］．北京：人民 教育出版社，2020.